Eve Haas und Herzeleide Henning · Prinz August von Preußen

Prinz August (im Gelben Kabinett). Gemälde von *Franz Krüger*.

Prinz August von Preußen
von Eve Haas und Herzeleide Henning

Preußische Köpfe

Stapp Verlag Berlin

Umschlagabbildung: Prinz August von Preußen, Miniatur von *Jean-Baptiste Isabey*, Wallace Collection, London, Foto *Antony Haas*.

Bildnachweis

Bildarchiv Preußischer Kulturbesitz, Berlin S. 186.
Fitzwilliam Museum, Cambridge S. 34 unten.
Krieger: Das Schloß Bellevue, Berlin 1906, 54 ff., 142 S. 18 oben, 94.
Sievers: K. F. Schinkel, Das Palais des Prinzen A., Berlin 1936, 3, 13 S. 2, 128 links.
Sievers: K. F. Schinkel, Lebenswerk. Bauten für den Prinzen A., Berlin 1954, 67, 51, 55, 31 S. 18 unten, 34 oben links, 128 rechts, 120.
Staatliche Museen zu Berlin, Kupferstichkabinett und Sammlung der Zeichnungen, Berlin (Ost) S. 34 oben rechts.
Staatliche Schlösser und Gärten, Schloß Charlottenburg/Schinkel-Pavillon, Berlin S. 38, 158.
Im Besitz von Eve Haas S. 6, 170.

Die Buchreihe *Preußische Köpfe* erscheint unter der Schirmherrschaft des Präsidenten der Stiftung Preußischer Kulturbesitz, *Prof. Dr. Werner Knopp*.
Sie wird herausgegeben von *Heinz Ohff*.
Die grafische Gestaltung besorgt *Christian Chruxin*.

ISBN 3 87776 191 7
© Stapp Verlag Wolfgang Stapp, Berlin 1988
Satz: Hümmer GmbH, Waldbüttelbrunn
Lithographie: Decker Reprogesellschaft, Berlin
Druck: movimento, Berlin
Bindearbeiten: Heinz Stern, Berlin

Inhaltsverzeichnis

Taschenbuch der Charlotte Gottschalk.

Einleitung

„Die schöne Besitzerin dieses Buches ist mir teurer als mein Leben, Dein Beschützer." Diese Worte finden sich auf der zweiten Seite eines kleinen metallbeschlagenen Taschenbuches, in schöner gleichmäßiger Schrift. Eine andere Hand hat einen Namen hinzugefügt: „August" und eine Jahreszahl: „1826".

Wer nun weiter gefühlvolle Bekenntnisse, Gedichte oder beherzigenswerte Sinnsprüche erwartet, wird enttäuscht sein. Das kleine Buch wurde vielmehr von seinem nicht sehr schreibgeübten Besitzer ganz prosaisch zum Notieren von Reiserouten oder -ausgaben verwendet. Dazwischen finden sich Buchstaben, auch ein paar Sätze, die – ungeschickt und krakelig – offensichtlich ein Kind geschrieben hat: „Liebe Mutter schenkte mir zu Pfingsten ein neues Kleid" und, wieder etwas geläufiger: „Dies Buch gehörte meiner geliebten Mutter."

Das Kind, das hier Schreibübungen machte, kam am 25. September 1838 zur Welt und hieß Charlotte. Es wurde unehelich geboren, und obwohl sein Vater ein Prinz war, gehörte es nicht zu denen, die liebevoll umhegt und gut versorgt einem gesicherten Leben entgegengingen, zumal es diesen Vater verlor, als es noch nicht ganz fünf Jahre alt war. Die Mutter heiratete im Jahr darauf und konnte ihre Tochter aus unbekannten Gründen nicht bei sich behalten. Vielmehr kam sie als Pflegekind zu einem jüdischen Schneider namens Gottschalk und verlebte einen Teil ihrer Kindheit bei dessen Angehörigen in Hamburg. Ihr Vormund sei der Vater ihrer Mutter Emilie, sagte man ihr, und im übrigen wurde Schweigen über ihre Abstammung bewahrt.

Doch lebten bis in ihr Alter Erinnerungen in ihr, an den Vater, der gut und freundlich zu ihr gewesen war, wie an die Mutter, die sie später noch hin und wieder besucht hatte. Und sie hütete als kostbaren Schatz das Taschenbuch mit seiner zärtlichen Widmung. Dabei blieben die wechselvolle Kindheit und der Gegensatz zwischen ihrer Abstammung und ihrer tatsächlichen sozialen Stellung nicht ohne Auswirkung auf ihr Gemüt. Etwas Trübes, Gedrücktes lag über ihrem Wesen, und sie konnte nicht verhindern, daß die Umstände ihrer Herkunft sich im Laufe der Jahre mit Ereignissen in ihrer Pflegefamilie vermischten, die lange vor ihrer Geburt, nämlich 1826, stattgefunden hatten.

Erst gegen Ende ihres Lebens vertraute Charlotte ihren Kindern an, was sie über ihre Eltern wußte, und begründete so eine mündliche Überlieferung, der zwar mehr und mehr die Einzelheiten verlorengingen, die ihren Kern jedoch bewahrte. Und schließlich konnte ja das Taschenbuch jederzeit Zeugnis ablegen, daß es einmal eine Verbindung zwischen jener Emilie und ihrem Beschützer gegeben hatte, der August hieß: August Prinz von Preußen.

Kriegszeiten

1 Kindheit (1779–86)

Am 26. September 1779 hatten Prinz Ferdinand von Preußen und seine Gemahlin Anna Elisabeth Luise, geborene Prinzessin von Brandenburg-Schwedt, zur Taufe ihres am 19. September geborenen sechsten Kindes nach Schloß Friedrichsfelde, nicht weit von Berlin, geladen. Der Bruder des Vaters, König Friedrich II., der Große, selbst kinderlos, aber stets erfreut über eine Vergrößerung seiner Familie, hatte sein Erscheinen zugesagt, und pünktlich zur festgesetzten Zeit rollte seine altmodische, mit Silber beschlagene und von acht Pferden gezogene Kutsche die Zufahrt herauf. Die übrigen Gäste waren bereits versammelt und warteten auf das Familienoberhaupt, an ihrer Spitze die Königin, die so wieder einmal ihrem bewunderten, aber meist fernen Gemahl begegnete, daneben natürlich Prinz Heinrich, der andere Bruder des Königs, außerdem die Witwe des glücklosen Bruders August Wilhelm und als Vertreterin des Schwesternkreises die Herzogin von Braunschweig, Philippine Charlotte. Und da sie gerade in Berlin zu Besuch war, hatte man auch die junge Frau des russischen Thronfolgers, des Großfürsten Paul, eingeladen, zumal sie die Nichte der Prinzessin Luise war. Nach der Ankunft des Königs wurde die feierliche Zeremonie vorgenommen. Die Schwester des Täuflings und zugleich das älteste Kind ihrer Eltern, ebenfalls Luise genannt, sollte dem König das Kind auf ihren Armen präsentieren, doch entschieden die Damen der Prinzessin Ferdinand im letzten Augenblick, daß das aufgeregte neunjährige Mädchen seiner ehrenvollen Aufgabe nicht gewachsen sei, und so hielt die Oberhofmeisterin Gräfin

Néale dem König das Neugeborene in seinem kostbaren Tauf-staat entgegen, während es die Namen Friedrich Wilhelm Hein-rich August erhielt. Hofprediger Peltre hatte sich, anders als bei der Taufe des älteren Sohnes, kurzgefaßt, und der König mochte sich daran erinnern, denn plötzlich winkte er den siebenjährigen Louis zu sich an den Altar: „Mein kleiner Mann, als ich dich über die Taufe hielt, hat der Prediger eine so lange Rede gehalten, daß ich dich wegschickte, ehe sie zu Ende war. Dieses Unrecht muß ich heute wieder gutmachen." Mit diesen Worten goß er Louis den Rest des Taufwassers über den Kopf. Der Kleine ließ sich jedoch weder von dem kalten Schwall noch von seinem ein-schüchternden Onkel verblüffen, und Friedrich lobte ihn für seine Tapferkeit.

Wie immer verließ er kurz darauf den Kreis seiner Familie und kehrte noch vor der Abendtafel nach Potsdam zurück.

Der jüngste Hohenzollernprinz, obwohl kein Königskind, stand dem preußischen Thron doch nah genug. Sein Vater, zwar nur der jüngste unter den Brüdern des allgewaltigen Friedrich, hatte seine Nichte geheiratet, die Tochter seiner Schwester So-phie und des „tollen" Markgrafen Friedrich Wilhelm von Bran-denburg-Schwedt, auch er durch seine Großmutter, die zweite Frau des Großen Kurfürsten, ein naher Verwandter. Prinzessin Ferdinand besaß Schönheit und Temperament, ihr Gemahl eine große Gutmütigkeit und Freundlichkeit, manchmal durch einen Hang zur Knauserei getrübt. Nichts an ihm erinnerte an seinen Vater Friedrich Wilhelm I., dessen gewaltsame Erziehung haupt-sächlich dem Thronfolger gegolten und die jüngeren Kinder verschont hatte. Über die Großmutter des kleinen August, Kö-nigin Sophie Dorothea, führte seine Abstammungslinie weiter zurück zu ihrer unglücklichen Mutter, der Prinzessin von Ahl-den, die ihre Leidenschaft für den Grafen Königsmark mit lebenslanger Verbannung büßte, dann zu der klugen Sophie von der Pfalz und schließlich zu deren Mutter Elisabeth, die als Enkelin Maria Stuarts ihrem Gemahl, dem Winterkönig, etwas von ihrem Feuer und ihrer kühnen Intelligenz einzuflößen suchte. Auch Augusts andere Urgroßeltern väterlicher- und mütterlicherseits, König Friedrich I., der sich die preußische Krone anmaß, und seine wissensdurstige und geistvolle Frau Sophie Charlotte verbürgten seine hohe Geburt.

Es gab allerdings eine nicht geringe Zahl von Leuten, die sie bezweifelten und August – wie auch seinen Geschwistern – einen anderen Vater zuschrieben. Zum Hof des Prinzen Ferdinand gehörte außer einigen unbedeutenden alten Damen und Herren bis zum Jahre 1778 auch sein Adjutant Graf Friedrich Wilhelm Karl v. Schmettau als unentbehrlicher Freund und Berater. Zum Teil angeregt durch eine entsprechende Tätigkeit seines Vaters, zum Teil aus eigenem Antrieb, hatte er kriegsgeschichtliche Arbeiten verfaßt und vor allem Karten gezeichnet. Nach langen Jahren des Hofdienstes ließ er sich beurlauben, um an seinem Lebenswerk, der Aufnahme und Publizierung von einigen hundert Sektionen eines Kartenwerks über ganz Preußen, zu arbeiten, großenteils auf eigene Kosten. Er blieb auch weiterhin Prinz Ferdinand und seiner Frau eng verbunden, und jedem, der den hochgewachsenen eindrucksvollen Mann mit dem eher schwächlichen Prinzen verglich, mußte der Gedanke kommen, daß auch Prinzessin Ferdinand diesen Vergleich angestellt und vielleicht zugunsten des Adjutanten entschieden hatte. Ihm wurden später der hohe Wuchs und die robuste Gesundheit der Kinder Ferdinands zugeschrieben, während andere Züge, wie die peinliche Genauigkeit in allem, die z. B. bei August hervortrat, wieder für Ferdinands Vaterschaft sprachen. Aber war nicht auch Graf Schmettau überaus sorgfältig – und war andererseits Louis nicht ein unheilbarer Verschwender? Betroffene und Nachwelt haben den Gerüchten keine Beweise entgegengesetzt.

Vom Tage seiner Geburt an hegte Augusts Mutter eine besondere Vorliebe für dieses Kind. Ganz im Gegensatz zu seinen Geschwistern behielt sie es ständig in ihren eigenen Zimmern, verwöhnte es mehr, als ihm gut tat, und entfremdete es so ihren anderen Kindern. Luise, geboren 1770, der ein Jahr jüngere Heinrich und Louis, der ihm 1772 folgte und später meist Louis Ferdinand genannt wurde, liebten sich sehr, und sie hätten auch den kleinen Bruder liebevoll aufgenommen, wäre er nicht eine wahre Plage für sie gewesen und sie von ihrer parteiischen Mutter seinetwegen viel gescholten worden.

Die ersten Lebensjahre Augusts verliefen in ungestörtem Gleichmaß. Den Sommer und Herbst über hielt sich die Familie in Friedrichsfelde auf. Die Kinder hatten viel Freiheit, erst am Nachmittag machte ihre Mutter einen kurzen Spaziergang mit ihnen, danach nahm der Vater sie auf einen längeren Weg ins Dorf oder in die Felder mit. Spät im Jahr, erst im Dezember, kehrte man in die Stadt zurück, in das damalige Johanniter-Ordens-Palais und zu den höfischen Veranstaltungen. An den Abenden, wo die Eltern keine Repräsentationspflichten hatten, wurde gespielt und aus französischen Büchern vorgelesen, aus Racine etwa oder den Werken des königlichen Freundes Voltaire.

Diese Lektüre ergänzte den Unterricht, den die Kinder von ihren Erziehern erhielten. Wenn Herr Bärbaum, Frau v. Bielfeld oder Herr César die Wißbegier der Kinder zu wecken verstanden, erlangten sie Kenntnisse in Geschichte, Geographie und Naturgeschichte, immerhin auch in deutscher Grammatik. Hauptsächlich kam es jedoch darauf an, ihnen gute Manieren und Respekt vor ihren Eltern, Onkeln und Tanten beizubringen, sie ein flüssiges und elegantes Französisch zu lehren und sie auf ihre spätere Stellung vorzubereiten, die Jungen auf ihre militärische Laufbahn, die Mädchen darauf, an irgendeinem anderen Hof Preußen würdig zu vertreten.

Einige einschneidende Ereignisse gab es in der Kinderzeit Prinz Augusts. Im Jahr 1785 litt sein Vater an einer schweren Brustinfektion. Friedrich der Große, der seinem Bruder auch bei früheren ähnlichen Krankheiten immer die größte Fürsorglichkeit gezeigt hatte, machte ihm daraufhin einen Krankenbesuch. In ihren Erinnerungen beschrieb Augusts Schwester Luise sehr anschaulich, wie ihr Onkel bei seiner Ankunft die zu seiner Begrüßung versammelten Kinder hastig küßte und sich dann sofort an das Krankenlager seines Bruders begab, wo er aus seinem eigenen medizinischen Wissen Rat erteilte. Bei seiner Abfahrt faßte er Luise näher ins scharfe Auge und fragte sie: „Und du, Kleine – wann denkst du dich denn zu verheiraten?" Auf diese Frage trotz aller Vorbereitung nicht gefaßt, stotterte die 15jährige Prinzessin: „Wann Euer Majestät es befehlen", womit der König augenscheinlich zufrieden war, denn er lächelte.

Und Luise hatte als einziges der Geschwister auch das Glück, einmal an der Tafel ihres Onkels zu speisen. Obwohl Prinzessin Ferdinand ihre Tochter sonst eher schroff behandelte, wurde nun doch eine kostbare Hofrobe für Luise genäht und an dem wichtigen Tag ihr Haar frisiert und gepudert und mit Blumen besteckt. Da der König keine blassen Gesichter liebte, erhielten ihre Wangen einen Hauch von Schminke, bevor sie mit ihrer Mutter davonfuhr.

Ihren Brüdern schilderte sie später in den lebhaftesten Farben, wie sie mit den anderen Gästen den König im Vorzimmer erwartet hatte, daß sich die Königin wegen eines schlimmen Beines an eine Kommode lehnen mußte und daß der König nicht mit ihr, sondern nur mit ihrer Hofmeisterin gesprochen hatte. Auch Friedrichs Behandlung seiner anderen Verwandten, der Prinzessin Friederike Luise, der Gemahlin des Thronfolgers zum Beispiel, deren Wesen und Aussehen er gründlich mißbilligte und die er deswegen nicht einmal begrüßte, oder seines Bruders Heinrich, der an der Tafel neben ihm saß, war Luises Beobachtung nicht entgangen.

Die Tafel hatte das berühmte goldene Geschirr getragen, und der König hatte der Reihe nach auf das Wohl jeder anwesenden Prinzessin getrunken. Auch zu Luise war der Page gekommen, der ihr die Auszeichnung ankündigte, damit sie im richtigen Augenblick aufstehen und seiner Majestät ihre Reverenz machen konnte. Aus Luises Erzählungen übertrug sich der Stolz, zur Familie des berühmtesten Monarchen Europas zu gehören, auch auf ihre Brüder.

In diesem Jahr verloren die Kinder Prinz Ferdinands ihr Sommerparadies. Ihre Mutter hatte sich schon längere Zeit in dem allzu stillen Friedrichsfelde gelangweilt, sie wünschte auch im Sommer näher der Stadt zu wohnen. Schon 1782 hatte Ferdinand daher die Bitte an den König gerichtet, ihm das leerstehende Schloß Monbijou zur Benutzung zu überlassen. Der König hatte die Bitte zwar nicht abgeschlagen, jedoch darauf hingewiesen, daß dort alles so bleiben müsse, wie es zu Lebzeiten ihrer seligen Mutter Sophie Dorothea gewesen sei. Das hatte die Familie Ferdinands nicht verlockend gefunden, und der Plan war fallengelassen worden. Im Oktober 1784 verkaufte der Prinz Friedrichsfelde für 16 000 Taler an den Herzog Peter von Kurland, der sich wegen Zwistigkeiten mit seinen Landständen in Preußen niederlassen wollte und dort als unermeßlich reicher Mann sehr willkommen war, und erwarb dafür von dem Staatsminister Baron von Horst für 20 000 Taler ein Grundstück an der Spree, das aus Äckern, Wiesen, einer Meierei und einigen Wohn- und Wirtschaftsgebäuden bestand.

Das vorhandene Wohnhaus hatte der Baumeister Friedrichs des Großen, Georg Wenzeslaus von Knobelsdorff, gebaut. Da es aber den neuen Besitzern zu klein und nicht modern genug war, beauftragte Prinz Ferdinand den Architekten Georg Friedrich Boumann mit dem Bau eines neuen Schlosses, bei dessen Grundsteinlegung am 30. 4. 1785 die ganze Familie Ferdinands sowie seine Schwester, die nicht nur von den Kindern gefürchtete Prinzessin Amalie, anwesend waren. Unter Anleitung des Architekten legten die drei Prinzen Heinrich, Louis und August gemeinsam den Grundstein. Wegen seiner schönen Lage am Rande des Tiergartens sollte das Haus den Namen „Bellevue" tragen. Der mit Erlaubnis des Königs neu angelegte Zufahrtsweg wurde noch im Winter 1784 rechts und links mit einem Wechsel von Akazien und Platanen bepflanzt, die bisher im Tiergarten noch nirgends wuchsen. 1786 erwarb Prinz Ferdinand zur Abrundung seines Grundstücks von den angrenzenden Gemeinden Wilmersdorf und Schöneberg durch Erbpachtverträge noch einige Wiesen, und 1787 kam ein 11½ Morgen großes Stück des königlichen Tiergartens hinzu.

Als Prinz Ferdinand im Sommer 1786 nach einer seiner heftigen Erkältungskrankheiten Anfang August dem König seinen Besuch ankündigte, ließ Friedrich ihm mitteilen, daß er selbst zu krank sei, um ihn gebührend zu empfangen. Und als am Morgen des 17. August die Tore Berlins versperrt blieben, wurde auch der übrigen Bevölkerung bald klar, was diese ungewöhnliche Maßnahme bedeutete: Der König war tot. Friedrich II. hatte nach 46 Regierungsjahren im Morgengrauen in seinem Lieblingsschloß Sanssouci die Augen für immer geschlossen.

In den letzten Jahren seiner Regierung hatten nicht wenige Menschen auf des Königs Tod gewartet, in der Hoffnung auf ein weniger strenges Regiment seines Neffen, des leutseligen Prinzen Friedrich Wilhelm. Nun, wo der Wechsel eintreten sollte, bemächtigte sich vieler ein Gefühl der Verlassenheit und Ungewißheit, die die Aufregung in den Straßen dämpfte und die Bürger in ihre Behausungen zurücktrieb. Bald hörte man den Tritt der in Berlin stationierten Regimenter, die sich zu ihren Paradeplätzen begaben, um König Friedrich Wilhelm II. Treue zu schwören. Erst nach dieser Zeremonie wurden die Stadttore geöffnet, und der Verkehr floß wieder ungehindert durch die Straßen.

Im Ferdinandschen Palais war man inzwischen durch Friedrichs II. Adjutanten, den Grafen von der Goltz, unterrichtet worden. Alle, auch die Kinder, hüllten sich in schwarzen Krepp und bestiegen die Kutschen, um nach Schönhausen zu fahren und Königin Elisabeth Christine ihre Teilnahme zu bekunden. Zu aller Überraschung war die Königin tief bewegt, obwohl Friedrich schon seit Jahrzehnten nicht mehr mit ihr zusammengelebt und seit Jahren kein Wort mit ihr gewechselt hatte. Lediglich einen regelmäßigen wöchentlichen Briefverkehr hatte er mit ihr unterhalten, in dem er ihr seine Wünsche insbesondere im Bezug auf seine ihr zur Erziehung anvertraute Großnichte, die Prinzessin Friederike, mitteilte. Und doch hing sie an ihm, war stolz auf ihn und stets ängstlich bemüht, alles zu vermeiden, was ihm hätte mißfallen können. Er vergalt es ihr dadurch, daß er ihr überall, trotz ihrer vernachlässigten Stellung, die gehörige Achtung verschaffte. Dennoch konnte ihre Umgebung angesichts einer so heftigen Witwentrauer den ehrfurchtsvollen Ernst nur schwer bewahren.

Die Bitte Friedrichs um eine einfache Bestattung in der Nähe der Gräber seiner geliebten Hunde auf der Terrasse von Sanssouci und in aller Stille wurde von seinem Neffen als eines so großen Herrschers unwürdig ignoriert.

Bis zum Abend blieb der tote König auf seinem einfachen Feldbett liegen, wo seine Angehörigen und die Potsdamer Offiziere ihn noch sehen konnten, bevor er in den Sarg gelegt und auf einem achtspännigen Leichenwagen mit militärischem Geleit in die Stadt gebracht wurde. Viele andere Offiziere schlossen sich freiwillig dem Zug an, der sich durch dichte, doch unnatürlich stille Menschenmengen zum Stadtschloß bewegte. Dort wachten vier Obersten die Nacht hindurch bei der Leiche, und noch den ganzen folgenden Tag war sie für jedermann im früheren Audienzzimmer unter dem gelbseidenen Baldachin zu sehen. Viele Tausende – man schätzte ungefähr 23 000 – kamen aus allen Orten der Umgebung, um einen Blick auf den Mann zu werfen, von dem ihr Schicksal so lange abgehangen hatte und dessen schmaler Kopf nun sehr klein auf seinem mit Haaren und Orangenblüten gefüllten Atlaskissen lag. Gleich morgens noch hatte der Bildhauer Eckstein auf Anordnung Friedrich Wilhelms II. von diesem Kopf einen Abdruck genommen.

Auch die Familie des Prinzen Ferdinand begab sich nach Potsdam und besichtigte den Katafalk und die düstere Pracht der schwarz verhängten Räume. Am Abend des 18. August wurde der tote König zur Garnisonkirche geleitet und nach einem Gottesdienst in die Gruft unter der Kanzel gesenkt.

Nach der anschließenden Familientafel in Sanssouci ging man noch einmal in die Räume des Verstorbenen. Alles sah noch so aus, wie er es verlassen hatte, und mancher nahm ein Erinnerungsstück an sich. Prinzessin Luise bemächtigte sich verstohlen einer Schreibfeder und zeigte ihren Brüdern die Uhr, die ihre

Braunschweiger Tante Friedrich einst geschenkt hatte und die in der Todesstunde des Königs stehengeblieben war.

Prinz August war noch nicht alt genug, um bei diesen Zeremonien dabei zu sein. Er plagte wie stets seinen Erzieher, Herrn César, der sich bei seinem Zögling wenig Respekt zu verschaffen wußte.

Am 19. August erhielt August zusammen mit seinem Bruder Louis den Schwarzen-Adler-Orden, die höchste Auszeichnung, die einem Preußen zuteil werden konnte. Prinzen bekamen sie sozusagen als Vorschuß auf zukünftige Heldentaten. Vorläufig war August ein verzogenes Kind von sieben Jahren, für das Prinz Ferdinand 1787 einen neuen Erzieher wählte, einen gebürtigen Schweizer namens Gaspard Molière, der Theologie studiert und danach viele Jahre als Prediger an der französisch-reformierten Kirche der Friedrichstadt in Berlin gewirkt hatte. Er war ein eher nachsichtiger Lehrer, aber sein Einfluß auf die Erziehung von Prinz August war bedeutend. Es gelang ihm, dessen Vertrauen zu gewinnen und seine Lust am Lernen zu wecken. Auf Molière ist Augusts Hinneigung zu französischer Kunst und Literatur zurückzuführen. Die Erweiterung seines Geistes dämpfte seine Launenhaftigkeit, er betrug sich besser und wurde dadurch seinen Geschwistern ein angenehmerer Gefährte. Leider zeigte seine Mutter auch weiterhin ganz unverhüllt eine solche Vorliebe für diesen Sohn, daß sich ein starkes Selbstgefühl bei ihm ungehindert entwickeln konnte, gepaart mit einer nicht immer lobenswerten Hartnäckigkeit, wenn es galt, ein einmal gestecktes Ziel zu erreichen.

Oben Schloß Friedrichsfelde. Nach einer Gouache von Alberti. *Darunter* Schloß Bellevue (um 1830). Stahlstich von F. Brohm.

2 Erziehung – Ausbildung (1787–1805)

König Friedrich Wilhelm II. gab der Berliner Gesellschaft reichlich Stoff zum Klatschen in diesen Monaten zwischen 1787 und 1788; nun hatte er nicht nur die ihr schon bekannte Freundin Wilhelmine Enke, inzwischen Gräfin Lichtenau, sondern auch noch eine Gemahlin zur linken Hand in Gestalt des Hoffräuleins Julie v. Voß, einer zwar nicht hübschen, aber originellen jungen Dame. Sie verlor jedoch ihre Unbefangenheit und Munterkeit sehr rasch als frisch zur Gräfin Ingenheim erhobenes Ärgernis der königlichen Familie, das sich nirgends mehr willkommen fühlen konnte als in den Armen ihres Gemahls. Dennoch fanden unentwegt Feste statt, dazu viele Konzerte, die der König, selbst ein guter Cellist, ebenso förderte wie die italienische Oper und auch das deutsche Theater, und die beiden älteren Söhne Prinz Ferdinands sahen sich so vielen Ablenkungen von ihrem Unterricht ausgesetzt, daß sie 1788 in die Abgeschiedenheit ihres neuen Wohnsitzes geschickt wurden, wo sie sich auf ihre Einsegnung am 10. September vorbereiten sollten.

So waren Heinrich und Louis die ersten, die völlig von Bellevue Besitz nahmen; bis dahin hatte nur ihr Vater, ungeduldig wie alle Bauherren, schon hin und wieder dort Gäste empfangen. Der große Saal im Obergeschoß mußte wegen der hohen Kosten zunächst unvollendet bleiben. Die beiden älteren Prinzen erhielten ihre Wohnungen im Erdgeschoß auf der rechten Seite des Mittelflügels, Prinz August und Prinzessin Luise wohnten über ihnen, die Schwester als ältere auf der schöneren Parkseite.

19

Von außen bot der Bau ein recht unausgeglichenes Bild, die beiden niedrigen schmucklosen Seitenflügel – hier war ein wenig zu deutlich gespart worden – flankierten den wesentlich höheren Mittelbau mit seiner symmetrisch gegliederten Front. Zwei Tore lagen in ihren beiden Eckrisaliten, während der mittlere Teil, geschmückt mit vier korinthischen Pilastern, nur dazu bestimmt war, den über drei Fenster greifenden Giebel zu tragen, von dem herab die Statuen der Jagd, des Ackerbaus und der Fischzucht auf den ländlichen Charakter der Behausung hinwiesen. Denn von der Rampe auf der Gartenseite, mehr noch von dem darüberliegenden Balkon konnte man jenseits der ehemaligen Maulbeerplantage über die Weiden von Charlottenburg schauen. Auf der anderen Seite zogen Schiffe und Kähne die Spree auf und ab, und am Ufer stemmten sich die Schiffer auf dem alten Treidelpfad wie eh und je in ihre Taue.

Der Schloßherr mußte ihre in alten Rechten begründete enge Nachbarschaft dulden, trotz der Beschädigungen, die sie gelegentlich an Wegen und Pflanzen verursachten. Auch seinen Park, der mit einem Rosengarten nahe der Rampe begann und sich dann im Stil des „jardin anglais", des Landschaftsgartens, fortsetzte, wollte Prinz Ferdinand nicht allein mit seiner Familie genießen, auch die Berliner hatten anfangs Zutritt, wenn sie am nahe gelegenen „Großfürstenplatz" die elegante Welt bestaunten und dort in den Zelten der beiden Franzosen, die das allgemeine Bedürfnis nach Kuchen, Pasteten und Schokolade erkannt und sich rechtzeitig den Platz gesichert hatten, Erfrischungen zu sich nahmen. Doch erregte die Unachtsamkeit der Spaziergänger das Mißfallen Ferdinands, so daß er sie schon 1788 durch einen Zaun ausschloß.

Im Park entstanden zahlreiche kleine Pavillons und besondere Ruheplätze: der „Parasol" auf einem kleinen Hügel, das „Cabinet Othaitien", so genannt nach der Insel Haiti, die wegen der Kämpfe zwischen Weißen und Farbigen gerade allgemeine Beachtung fand, ein kleiner „Hangar" an einem Miniaturwasserfall und ein „Maison champêtre", ein fünfteiliges Pavillonkleeblatt aus Baumrinde, dessen vier Eckdächer je eine kleine eiserne

Fahne mit den Namen der vier Geschwister trugen. Eine dieser Fahnen sollte schon wenig später aus traurigem Anlaß schwarz gestrichen werden.

Im Frühjahr 1790 erkrankten die drei Älteren an Masern, die sie ohne Schwierigkeit überwanden, bis auf den neunzehnjährigen Heinrich. Er fing an, Blut zu husten, fieberte beständig, beunruhigte seine Eltern durch seinen Zustand und machte sich selbst die größten Sorgen darüber. Gerade erst war er Rittmeister bei den Gardes du Corps, dem noblen Kürassierregiment, geworden, und überdies sah es nach einem Krieg mit Österreich aus.

Im Bestreben, seine Grenzlinie zwischen Ostpreußen und Schlesien besser zu sichern, hatte Preußen den beiden Mächten Österreich und Rußland einige Gebietswechsel vorgeschlagen, ja eigentlich im Vertrauen darauf, daß beide durch ihren alten Gegner, die Türken, ausreichend gebunden seien, ultimativ gefordert. Das von Rußland abhängige Polen sollte auf Danzig, Thorn und posensches Gebiet verzichten und dafür durch das österreichische Galizien entschädigt werden. Österreich wiederum sollte die Fürstentümer Moldau und Walachei erhalten.

Noch während die Diplomaten verhandelten, wurden zur Bekräftigung der Forderungen im April 1790 preußische Regimenter in Schlesien zusammengezogen, und auch Heinrich und Louis machten sich bereit für ihren ersten Feldzug. Mit der Armee rückte jedoch nur Prinz Louis aus, der kranke Heinrich mußte sich damit begnügen, dem beneideten Bruder einen Teil seiner monatlichen Apanage für seine Ausrüstung zu schenken. Im Juli beendete die Konvention von Reichenbach die drohende Kriegsgefahr. Wider preußisches Erwarten erklärte sich Kaiser Leopold II. mit fast allen preußischen Bedingungen einverstanden, nur Danzig und Thorn blieben vorläufig noch polnisch. Dafür verpflichtete sich Österreich, mit den Türken, dem ewigen Schreckgespenst Europas, Frieden zu schließen. Während Louis sich noch in Schlesien aufhielt, starb Heinrich am 5. Oktober. Weder der Plan einer Reise nach Italien, noch ständig wechselnde Behandlungsmethoden konnten ihn retten.

Die Familie blieb den ganzen Winter über in Bellevue, wo die trauernden Eltern Heinrich im Park mitten im Rosengarten ein Denkmal errichteten. Von einer glatten Säule schaute sein jugendlicher Kopf, aus Carrara-Marmor gemeißelt, dem Besucher entgegen.

1791 wurde der große ovale Saal des Schlosses unter der Aufsicht des Direktors des Hofbauamtes, Carl Gotthard Langhans, fertiggestellt. Seine Ausstattung, die auch das Deckengemälde einschloß, kostete den sparsamen Hausherrn noch einmal 6000 Taler. Dafür mußte ihn der Ruf seines Hauses trösten, dem gute Unterhaltung und eine ausgezeichnete Küche nachgesagt wurde.

Ein neuerlicher Konflikt, diesmal mit Rußland, beschwor wieder Kriegsgefahr herauf, doch auch diesmal blieb es bei einem vorübergehenden Ruf zu den Waffen. Mitte Juni konnte Prinz Ferdinand unbesorgt mit seiner ganzen Familie nach Spa aufbrechen, wo seine Gemahlin stärkende Bäder nehmen sollte. Man reiste unter einem leicht zu durchschauenden Incognito und mit angemessener Begleitung. Je näher man dem Ziele kam, desto mehr traf man auf französische Emigranten, die den Aufständen und Ausschreitungen ihrer Heimat den Rücken gekehrt hatten und nun in Deutschland bessere Zeiten – das hieß für sie die Rückkehr zur alten Ordnung – abwarteten. Besonders in Koblenz und in Aachen wimmelte es von französischen Prinzen und Prinzessinnen, die alle auf die Flucht ihres Königs aus Frankreich hofften, eine Hoffnung, die mit der Gefangennahme Ludwigs XVI. scheiterte. Trotz dieses schrecklichen Ereignisses genossen die Preußen das elegante Leben des Badeortes, und der Hauch von Versailles, der darüber lag, trug sicher dazu bei, ihre Bewunderung für französische Lebensart trotz der politischen Ereignisse weiter zu vertiefen. Erst als auch in Berlin einige „Flüchtlinge" in Gestalt der Landgräfin Philippine von Hessen und der Herzogin Friederike Sophie von Württemberg mit ihren

Angehörigen eintrafen, weil es ihnen in der Nähe Frankreichs zu unsicher wurde und die Bauern in Baden und in der Pfalz ebenfalls anfingen, sich gegen ihre Grundherren aufzulehnen, erkannten die deutschen Fürsten die Gefahr. König Friedrich Wilhelm II. und Kaiser Leopold II., als Bruder der französischen Königin ihrem Schicksal ohnehin der nächste, vereinbarten in Pillnitz die volle Wiederherstellung der Monarchie in Frankreich und beantworteten Frankreichs empörte Ablehnung jeder Einmischung mit einem Bündnis, das nun tatsächlich zum Krieg führte, wenn auch nicht Preußen, sondern Frankreich ihn erklärte. August sah seinen Bruder Louis, glänzend ausstaffiert, im Mai 1792 zur Armee abreisen, während er sich nach wie vor seinen Studien zu widmen hatte. Inzwischen war auch ein militärischer Erzieher, Major von Wartenberg, an die Seite Molières getreten, und seine Aufgabe gestaltete sich weit weniger schwierig, da August für seinen zukünftigen Beruf das lebhafteste Interesse zeigte. Sein kräftiger Körper war jeder Anstrengung gewachsen, sein Sinn für Genauigkeit und Einzelheiten erleichterte ihm das Exerzieren und Erlernen all der vielen Zahlen und Namen, deren Gesamtheit die preußische Armee ausmachte. Zudem war jede Nachricht vom Verlauf des Feldzuges dazu angetan, den älteren Bruder glühend zu beneiden und ihm nachzueifern, während Augusts Mutter nur zu froh war, noch nicht um ihren Liebling zittern zu müssen. Der allseits so beliebte Louis machte seine Eltern durch sein unbändiges Wesen nervös, und sein ewiger Geldmangel war ihnen unverständlich und brachte sie gegen ihn auf, obwohl ein etwas großzügiger bemessener Unterhalt die Ursache vielleicht hätte beseitigen können.

Der Feldzug gegen Frankreich war in Preußen von Anfang an nicht von Begeisterung getragen, und sein zähes Sichfortschleppen, ohne daß man sein Ziel, die Niederwerfung der Republikaner, erreicht hätte, minderte noch die allgemeine Anteilnahme. Zudem lernte man die Emigranten und ihr anmaßendes Wesen inzwischen besser kennen, und ein besonders regenreicher Herbst brachte den preußischen und österreichischen Soldaten nichts als Hunger und Krankheiten. Anfängliche Erfolge, die Eroberung der Festung Longwy, dann Verduns, gerieten bald in Vergessenheit, nachdem die Kanonade von Valmy, deren umstürzende Bedeutung damals vielleicht nur Goethe wirklich erkannte, die verbündeten Heere zum Rückzug gezwungen hatte. Zwar eroberten sie im Dezember Frankfurt am Main von den Franzosen zurück, doch dann machte der Winter zunächst weitere Kampfhandlungen unmöglich. Der König und die Generäle begaben sich nach Frankfurt und ließen es sich dort inmitten der Bürgerschaft, die nicht schlecht daran verdiente, und vieler neugieriger Reisender wohl sein. Friedrich Wilhelm II. fand unter ihnen ganz zufällig zwei reizende Schwiegertöchter in den beiden Prinzessinnen von Mecklenburg-Strelitz. Der Kronprinz entschied sich für die ältere, Luise, deren Schönheit und Lebendigkeit ihn sofort gefangennahm, und sein jüngerer Bruder Ludwig wählte ihre Schwester Friederike, wenn auch nicht mit der gleichen sicheren Überzeugung, daß nur sie ihn glücklich machen werde.

Als dann im Frühjahr die militärischen Operationen wieder begannen – es ging jetzt um die Rückeroberung von Mainz, die auch schließlich nach langer Belagerung gelang –, hielt man eigentlich nur noch nach einer schicklichen Möglichkeit Ausschau, sich mit den Franzosen zu einigen. Aber erst 1795 schloß Preußen unter dem Druck der leeren Staatskasse und der wachsenden Erbitterung der Bevölkerung, die sich den neuen Ideen geneigter zeigte, als der Regierung lieb sein konnte, mit Frankreich in Basel einen Sonderfrieden.

Während des Krieges war Louis Ferdinand, wie er jetzt allgemein genannt wurde, nicht nur mehrfach befördert worden, zuletzt zum Generalmajor und Regimentschef, er war auch der Held dieser Jahre schlechthin. Gewinnendes Wesen, persönlicher Mut, Vorurteilslosigkeit dem Neuen gegenüber machten ihn volkstümlich, wenn es ihm auch bei Hofe schadete. Er wurde mehrfach verwundet, und da er immer zum Handeln drängte, sahen ihn die übrigen Heerführer nicht einmal ungern auf dem Krankenbett. Nur noch als Gast kehrte er aus seiner jeweiligen Garnison ins Elternhaus zurück.

Auch Luise sollte es bald darauf verlassen. 1795 verlobte sie sich mit dem polnischen Prinzen Anton Radziwill, eine Verbindung, die aus Neigung zustande kam und doch eine politische war. Da Preußen gerade erst – 1793 zusammen mit Katharina II. – das wehrlose Polen restlos aufgeteilt und dabei nun auch Posen, Danzig und Thorn gewonnen hatte, lag ihm an der Verbindung mit einer der führenden polnischen Familien. Die Radziwills wiederum, deren Besitzungen sowohl diesseits wie jenseits der neuen preußisch-russischen Grenze lagen, hielten es für klug, sich nicht nur mit der mächtigen Zarin, sondern auch mit dem preußischen König gut zu stellen. Besonders ihr Onkel Heinrich war mit Luises Wahl einverstanden, da er selbst einmal beinahe den polnischen Thron bestiegen hatte und daher große Sympathie für dieses Land und seine Bewohner hegte. Nur Luises Mutter sträubte sich gegen den zukünftigen Mann ihrer Tochter; und es bedurfte des immer noch wirksamen Einflusses des Grafen Schmettau, um Schwierigkeiten um die Mitgift, Streit um die Teilnahme der königlichen Familie an der Hochzeit wegen des unebenbürtigen Bräutigams zu überwinden, um den Ehevertrag aufzusetzen und dem jungen Paar sein neues Haus, das ehemalige Dönhoffsche Palais, Wilhelmstraße 77, einzurichten. Am Hochzeitstag, dem 17. März 1796, fanden zwei Trauungen, eine katholische und eine protestantische, statt. Daß Luise Berlin nicht verließ, war der Wunsch ihres Vaters gewesen. Ihre Erwartung, mit Anton Radziwill glücklich zu werden, sollte sich vollkommen erfüllen, und auch Louis Ferdinand, der seinem Schwager anfangs sehr hochmütig begegnet war, vergaß seine Vorbehalte über ihrer gemeinsamen Leidenschaft für die Musik.

Nun war August einziges Kind im Hause. Aber ein Kind war er natürlich nicht mehr, vielmehr ein großer, schlanker, bemerkenswert schöner junger Mann von fast 17 Jahren, braunhaarig und blauäugig. Seine höfische Erziehung war vollendet, seine Anschauungen entsprachen seinem Rang, er war höflich, einigermaßen gebildet und bekundete ein durchschnittliches Interesse für Literatur und Kunst. Wie sein Bruder musikalisch, spielte er Cello, jedoch ohne außergewöhnliche Neigung. Sein ganzer Ehrgeiz richtete sich auf seine militärische Zukunft, er bemühte sich ständig, seine auf diesem Gebiet bereits ausgezeichneten Kenntnisse zu ergänzen, und seine unbestreitbaren Tugenden Fleiß, Ordnungsliebe und Pflichtgefühl, ergänzt durch eine stets wache Neugier auf Menschen, Orte oder Erfindungen, hätten ihn auch ohne den Vorteil seiner Geburt zu einem hohen Offiziersrang befähigt. Im übrigen trug sein Charakter die Merkmale der übergroßen Liebe seiner Mutter und des ständigen Abgeschlossenseins von den Geschwistern. So kam eine Mischung aus Egoismus und Unsicherheit zustande, die in seinem Beruf durch das sichere Fundament seines Wissens aufgefangen wurde, seine Beziehungen zu anderen Menschen, besonders zu Frauen, jedoch in bestimmter Weise prägte. Sie hinderte ihn, sich so leicht und vertrauensvoll mitzuteilen wie Louis Ferdinand, und bei Frauen suchte er vor allem Bestätigung und bewundernde Unterwerfung, die er ihnen durch Fürsorglichkeit vergalt. Er war mehr als empfänglich für ihre äußeren Vorzüge, für ein tieferes Einfühlen in ihre Seelen fehlte es ihm jedoch an Phantasie, und geistige Auseinandersetzung mit ihnen war ihm kein Bedürfnis.

Zwar hatte sein Erzieher Wartenberg den Auftrag, darauf zu achten, daß August nur „Leute besuchte, deren Prinzipien und Lebenswandel für ihn ohne Gefahr" waren, dennoch sammelte er seine ersten Erfahrungen mit Ballettänzerinnen, was ihm den scharfen Tadel seines Vaters zuzog, vor allem weil er ihnen Geschenke machte, die sein Taschengeld von 25 Talern überstiegen. Solche Frauen waren ein angenehmer, konfliktfreier Zeitvertreib, dem er mit der gleichen Beharrlichkeit wie allen anderen Beschäftigungen nachging. Selbst seinen Ausschweifungen haftete etwas Pedantisches an.

Dagegen hinderten ihn sowohl Anlage wie das Beispiel seines Bruders, sorglos mit Geld umzugehen. In dieser Hinsicht besaß er die „solidité", die sein Neffe Kronprinz Friedrich Wilhelm an Louis Ferdinand vermißte. Daß August den älteren Bruder mit seinem reichen und blendenden Wesen neidlos bewunderte, obwohl der Vergleich mit ihm ihn in seiner Jugend ständig in den Schatten stellte, spricht für Augusts zunehmendes Selbstgefühl.

Im September wurde der Prinz als Hauptmann in das 1795 neu aufgestellte Infanterie-Regiment Alt-Larisch aufgenommen und war damit dem Ziel seiner Wünsche, es dem weit vor ihm seine glänzende Bahn ziehenden Louis Ferdinand gleichzutun, einen Schritt näher.

Im Jahr darauf, am 16. November 1797, starb König Friedrich Wilhelm II. einen qualvollen Tod an der Wassersucht, bis zuletzt mehr bewacht als betreut von seiner Geliebten Gräfin Lichtenau. Nur der Kronprinz durfte seinen sterbenden Vater sehen, und gleich nach dessen letzten Atemzügen ließ er das Haus der verhaßten Frau von Soldaten umstellen, sie selbst verhaften, nach einem kurzen Verfahren wegen Veruntreuung von Staatsbesitz verurteilen und auf die Festung Glogau bringen. Diese harte und schnell zupackende Art des Handelns war sonst des neuen Königs Sache nicht. Etwas schüchtern und übervorsichtig, graute Friedrich Wilhelm III. vor der schweren Bürde des Regierens, und seine Vorliebe für einen bürgerlich-häuslichen Lebensstil ließ ihm auch glanzvolles Hofleben eher lästig werden. Die Musik, die sein Vater geliebt hatte, sagte ihm wenig, er zog unterhaltsames Theater vor. Seine Gemahlin, die sehr viel lebensfrohere Luise, war schon eher für ihre neue Stellung geschaffen, doch auch sie blickte unbehaglich und angstvoll in den Novembertag hinaus, an dem ihre Oberhofmeisterin Frau v. Voß zu ihr und Luise Radziwill ins Zimmer trat und ihr durch die Anrede „Eure Majestät" ihren neuen Rang ankündigte. Und sie weinte nicht nur um einen gütigen Schwiegervater, sondern auch darüber, daß nun, wie sie nur zu gut wußte, ihre glücklichsten Jahre in Preußen vorüber waren.

Neben ihrem eigenen Schloß Bellevue gab es für August und seine Eltern und Geschwister im Sommer noch ein anderes erstrebenswertes Ziel: Schloß Rheinsberg. Friedrich der Große, der es einst für die wenigen unbeschwerten Jahre seiner Jugend hatte bauen lassen, schenkte es 1744 seinem Bruder Heinrich.

Prinz Heinrich machte von diesem Geschenk desto mehr Gebrauch, je mehr er sich vom Hof des Königs zurückzog. Nachdem die Zeit der Kriege und der diplomatischen Missionen vorüber war, gab es für ihn nichts mehr zu tun, Friedrich ordnete und lenkte seinen Staat mit Hilfe seiner Beamten, Ratgeber aus dem Kreis der Familie brauchte er nicht. Als Friedrich Wilhelm II. den Thron bestieg, hatte sich Heinrich bereits daran gewöhnt, aus der Ferne zu mißbilligen, daß man sich seiner Erfahrungen nicht bediente, und beschränkte sich auch weiterhin auf seine Studien, schrieb an seinen Memoiren und pflegte eine seinem Geschmack entsprechende Geselligkeit. Kleine Feste gab es in Rheinsberg, Theateraufführungen und Empfänge; der Hausherr hielt sich eine kleine Kapelle und widmete sich seinen Gästen mit der vollendeten Liebenswürdigkeit, die sein Freund, der erfahrene Hofmann Graf Lehndorff, stets an ihm gerühmt hatte. Mit seiner Gemahlin lebte Prinz Heinrich zwar nicht zusammen, auch Kinder hatte er nicht, und das Verhältnis zu seiner Schwägerin-Nichte Prinzessin Ferdinand schwankte stark zwischen Annäherung und Ablehnung, aber seinen jüngeren Bruder Ferdinand liebte er sehr. Dessen Geburtstag wurde jedes Jahr in Rheinsberg gefeiert, und auch sonst kam er häufig herüber, wegen seiner Anfälligkeit von seiner fürsorglichen Umgebung meist in viel zu viele Kleidungsstücke gehüllt und gerade deshalb echauffiert und Erkältungen besonders ausgesetzt. Aber er kam, und Prinz Heinrich übertrug seine Zuneigung zu ihm auch auf Ferdinands Kinder.

Sein besonderer Liebling war Louis Ferdinand, wegen seines schlagfertigen Witzes und seiner Lebenskraft, insgeheim wohl auch ein wenig wegen seiner Unbeliebtheit am Hofe des Königs. Aber auch seine Musik, die das Rheinsberger Orchester aufführte, duldete der alte Herr wohlwollend. Luise, die ebenfalls bei ihm in Gunst stand, hielt sich häufig bei ihm auf. Sie genoß mit Rührung die französisch gefärbte Kultur des kleinen Hofes und empfing ihren stets sehr elegant, wenn auch nach der Mode seiner eigenen Jugend gekleideten Onkel schon morgens in ihrem stillen, sonnigen Zimmer, wo er ihr stundenlang etwas vorplauderte und durch seinen liebenswürdigen Spott die Farben der Vergangenheit heller erscheinen ließ, als sie gewesen sein mochten. Prinz Heinrich erzählte gern aus seinem Leben, froh, eine so ehrerbietige Zuhörerin zu haben, sprach von seinem gestrengen Vater, von seinen Feldzügen und natürlich von seinen Reisen nach St. Petersburg und Paris. Paris war für ihn die Krone aller Städte, und er hatte sich schon mit dem Gedanken getragen, dort seine letzten Lebensjahre zu verbringen und ein Besitztum in der Umgebung zu erwerben, als der Ausbruch der französischen Revolution dieses Land für einen Prinzen zu unsicher werden ließ. So reiste er nur noch gelegentlich nach Teplitz. Im übrigen beschäftigte er sich viel mit seinem Tode, dem er mit ruhiger Gelassenheit entgegensah. Im Park von Rheinsberg ließ er vorsorglich sein Grabmal errichten, „damit er von dort sehen könne, was in seinem Hause vorgeht", und was sein beträchtliches Vermögen anging, so wiederholte er stets, daß sein Erbe sein Neffe Louis Ferdinand sein solle, dessen bedrängte Finanzlage er kannte und durch die Abtretung der Einkünfte aus der Dompropstei Magdeburg und gelegentliche Geschenke schon ein wenig erleichtert hatte. Luise mußte sich Prinz Heinrichs Ansicht gefallen lassen, daß Frauen Geld nur für „Putz und Flitter" ausgäben und daher besser keines erhielten. Ihre Mutter versuchte, die Vorliebe ihres Schwagers für Louis Ferdinand mehr auf August zu lenken, damit er bei der Verteilung des Erbes nicht leer ausginge, hatte aber bei dem eigenwilligen Heinrich wenig Erfolg damit.

Auch im Sommer 1802 empfing Prinz Heinrich den Besuch Luise Radziwills und ihrer Familie – inzwischen hatte sie bereits vier Kinder – für einige Tage, klagte aber sehr über einen kleinen, kurz vorher erlittenen Schlaganfall. Die tagelange Lähmung der Zunge hatte ihn erschreckt, trotzdem unterhielt er seine Gäste wie üblich mit amüsanten Erinnerungen. Ein erneuter Schlaganfall am 1. August beraubte ihn wiederum der Sprache, und da er, wie er früher wiederholt geäußert hatte, nicht als Blödsinniger leben wollte, lehnte er jede ärztliche Behandlung ab und hatte sogar noch die Kraft, eine ihm trotz seines Verbotes gereichte Tasse mit Medizin in den Kamin zu schleudern. Die Tasse zerbarst in tausend Stücke, und Prinz Heinrich starb am folgenden

Mittag still und würdevoll, umgeben von seinen Neffen und Dienern, die ihn und ihren Verlust aufrichtig betrauerten. Am 6. August, einem strahlenden Sommertag, legte Prinzessin Luise einen selbstgewundenen Lorbeerkranz auf den schmucklosen Sarg und folgte ihm mit ihren Brüdern und dem kleinen Hofstaat zu dem fast vollendeten Grabmal, wo er ohne weitere Zeremonien beigesetzt wurde.

Der Frieden des Rheinsberger Parks stand in schroffem Gegensatz zu dem Streit über Prinz Heinrichs noch gar nicht eröffnetes Testament, den Prinzessin Ferdinand inzwischen in Berlin angefacht hatte. In ihrer Angst, Louis Ferdinand könne besser gestellt werden als August, hatte sie durch ihren Gemahl den König ersucht, das Testament für ungültig zu erklären.

Der Prinz konnte ohnehin nur über einen kleinen Teil seines Besitzes frei verfügen, der größere gehörte zu dem Fideikommiß der Erben Friedrich Wilhelms I., der seinerzeit seinen drei nachgeborenen Söhnen je ein Kapital von 200 000 Talern hinterlassen hatte mit der Bestimmung, es in ertragbringenden Gütern anzulegen und keinesfalls davon etwas zu verkaufen. Die Brüder wurden untereinander zu Erben eingesetzt, und der König verfügte, daß ihr unbeweglicher Besitz an die Krone zurückfallen solle, falls sie ohne eheliche männliche Erben stürben bzw. nach dem Tode dieser Erben. Der jeweilige regierende König sollte aus dem Erbwege ausscheiden. Es war die Absicht Friedrich Wilhelms I. gewesen, die Brüder seines Nachfolgers nicht zu sehr zu benachteiligen, andererseits aber auch, den Besitz des Gesamthauses vor Zersplitterung zu bewahren.

Ein Drittel des so erworbenen Grundbesitzes war bereits durch den frühen Tod des Prinzen August Wilhelm und die Thronbesteigung seines Sohnes Friedrich Wilhelms II. an Prinz Heinrich vererbt worden. Nun sollten sich durch dessen Tod die übrigen zwei Drittel bei der Familie des Prinzen Ferdinand versammeln. Alles, worüber Prinz Heinrich anders bestimmen konnte, war sein selbst erworbener, sein Allodialbesitz. Der Protest der Prinzessin Ferdinand gab den Räten des Königs die willkommene Gelegenheit, die Besitzverhältnisse erneut genau zu prüfen. Prinzessin Ferdinand behauptete nämlich, wieder einmal unterstützt vom Grafen Schmettau und auch vom Direktor der königlichen Kammer, von Stubenrauch, aus den Einkünften der Fideikommißgüter erworbene Güter gehörten ebenfalls dazu und dürften demzufolge nicht Gegenstand von Prinz Heinrichs Testament sein. Louis Ferdinand, dem gerade diese Güter zugedacht waren und der sich endlich für immer von seinen Geldsorgen zu befreien hoffte, auch die Beweggründe seiner Mutter nur zu gut kannte, bot an, sein Erbe freiwillig mit August zu teilen, vorausgesetzt, daß man den Bestimmungen Prinz Heinrichs folgte. Außerdem bat er den Justizminister Graf von Arnim um ein Gutachten über die Rechtslage.

Während die mit dem Streit befaßten Behörden ungerührt gemächlich ihre Arbeit taten, wurde es Herbst und Winter, und die Gemüter beruhigten sich ein wenig. Prinzessin Ferdinand erkannte, daß ihre Voreiligkeit womöglich ihren beiden Söhnen zum Nachteil gereichen würde, und war sehr erleichtert, als der Justizminister Louis Ferdinands Ansprüche für berechtigt erklärte. Der König stellte die Auslegung des Testaments seinen Ministern anheim, und da Louis Ferdinand sein Teilungsangebot aufrechterhielt, schlossen die Brüder darüber einen Vergleich, und August erhielt die Hälfte von Prinz Heinrichs Allodialbesitz.

Daß Prinzessin Ferdinand in der ganzen Erbschaftsangelegenheit auf dem, was sie für Recht hielt und ihr selbst nur Vorteil brachte, beharrte, war ihr nicht vorzuwerfen; daß sie es tat, um ihren älteren Sohn zugunsten des jüngeren zu schädigen, blieb vielen unbegreiflich. August folgte offenbar ihren Ansichten. Louis Ferdinand war großzügig genug, seinem Bruder nichts nachzutragen, Luise Radziwill jedoch sah in ihm den Anlaß zu der allgemeinen Erbitterung und der schlechten Behandlung, der ihr älterer Bruder ausgesetzt war, und hörte nie auf, August deswegen zu grollen, wenn auch der äußere Friede zunächst wiederhergestellt war.

Im Jahre 1800, am 13. Mai, war August zum Major beförder worden, da ihn sein Vorgesetzter, General von Larisch, als „äußerst fleißig und mühsam" bezeichnet hatte, der eine „wahre Begierde, sich im Dienst zu unterrichten" zeige. Im Sommer darauf machte August eine längere Reise durch Schlesien, wo er die Schlachtfelder des Siebenjährigen Krieges besichtigte. Er ritt zwischen Strehlen, Liegnitz und Schweidnitz umher, stieg die Hügel bei Hohenfriedberg hinauf, von denen aus Friedrich seine Armee befehligt hatte, und führte sich den Ablauf der Gefechte vor Augen. Hin und wieder traf er auf alte Leute, die ihm etwas von den Kämpfen erzählten, ihre Worte machten die Vergangenheit erst recht lebendig. Schließlich stieß er zu den Regimentern der Breslauer Garnison, die den König zur jährlichen Revue erwarteten, und sah in seinem Gefolge den Übungen zu.

Wenn auch Preußen 1795 den Krieg gegen Frankreich beendet hatte, so war doch Österreich diesem Beispiel keineswegs gefolgt, nur der Schauplatz hatte sich weiter nach Süden verlagert. In Oberitalien führte ein junger, bis dahin ziemlich unbekannter französischer General namens Bonaparte die republikanischen Truppen von Sieg zu Sieg, eroberte Savoyen, Nizza und Teile des Kirchenstaates, gründete kurzerhand mehrere italienische Republiken und zwang schließlich die Österreicher zum Friedensschluß. Frankreich dehnte sich bis an den Rhein aus, und da die französische Eroberung von Holland auch Englands Einflußgebiet berührte und nicht zu erwarten war, daß England dem untätig zusehen würde, leistete sich Bonaparte ein besonderes Abenteuer und eroberte das unter englischem Protektorat stehende Ägypten. Allerdings vernichtete der englische Admiral Nelson dafür 1798 die französische Flotte bei Abukir, und der bis dahin siegreiche General mußte sich nach einem Abstecher nach Syrien höchst unheldenhaft wieder zurück nach Frankreich durchschlagen. Doch war seine Eroberungslust damit keineswegs erschöpft, er erhob sich selbst zunächst zum Ersten Konsul der Französischen Republik, später dann zum Kaiser der Franzosen und zum König der Italiener und schickte sich an, als Napoleon I. eine neue Dynastie zu begründen, um seinen Platz in der Geschichte zu festigen. England versicherte sich der Bundesgenossenschaft Österreichs und Rußlands, so daß halb Europa auf der einen oder anderen Seite in den Konflikt verflochten wurde. Schnell wie Gedanken veränderten nach dem Willen Napoleons kleine und große Fürstentümer ihre Gestalt oder verschwanden völlig von der Landkarte, so daß auch der Kaiser des Heiligen römischen Reiches deutscher Nation dem Rechnung tragen mußte, sich ab 1804 Kaiser von Österreich nannte und 1806 die ehrwürdige Krone, deren Reich nicht mehr bestand, niederlegte.

In Preußen, das sich gewissermaßen im noch ruhigen Zentrum des napoleonischen Wirbels befand, fragten sich allmählich nicht mehr nur die Politiker, wie lange es diesen Platz würde behaupten können. Und da man sich an nichts anderes erinnerte, als an die Kriege Friedrichs des Großen und damit an gewonnene Kriege, so zweifelte man auch jetzt nicht an der eigenen militärischen Überlegenheit. Nur wer der Gegner sein würde, stand noch nicht fest. Mit England verband Preußen von jeher Freundschaft und Verwandtschaft, besonders seit die Kurfürsten von Hannover Englands Könige waren. Gerade Hannover war aber der empfindliche Punkt, an dem sich der französisch-preußische Gegensatz zuspitzte.

Bei den Frühjahrsmanövern 1805 in der Ebene bei Magdeburg waren französische Generäle anwesend, die höflich dem hundertmal geübten und daher reibungslos ablaufenden militärischen Schauspiel zusahen. Ein schönes Bild bot sich ihnen, und der König war ebenso zufrieden wie der Herzog von Braunschweig, der das Oberkommando führte. Louis Ferdinand lud die französischen Gäste in sein Haus ein – er war ja in Magdeburg stationiert – und fragte sie aus: nach Taktik und Strategie, nach Einzelheiten ihrer Ausrüstung, nach der Bewaffnung ihrer Armee. Was er erfuhr, muß seine Befürchtung verstärkt haben, daß die Selbstgefälligkeit der preußischen Truppenführer unangebracht war und sie es mit einem überlegenen Gegner zu tun haben würden. Er glaubte fest an den Krieg mit Frankreich. Hätte er gewußt, wie geradezu vernichtend noch Friedrich der Große selbst bei seiner letzten schlesischen Revue – und die lag

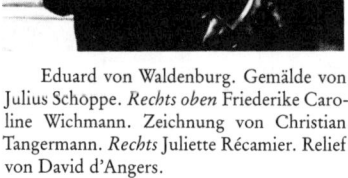

Eduard von Waldenburg. Gemälde von Julius Schoppe. *Rechts oben* Friederike Caroline Wichmann. Zeichnung von Christian Tangermann. *Rechts* Juliette Récamier. Relief von David d'Angers.

fast zwanzig Jahre zurück – sich über den Zustand einzelner Regimenter geäußert hatte, so wäre ihm die Zukunft noch viel düsterer erschienen.

So riet er nur ständig zum Kampf, zum Angreifen, ehe es zu spät sei, unterstützt von einer einflußreichen Person: der Königin. Die Zeit der unaufhörlichen Feste, der lebenden Bilder, der Bälle war vorüber, auch sie fühlte, daß man handeln müsse, bevor der Wille eines anderen es unmöglich machen würde.

Auch August befand sich an der Seite seines Bruders. 1804 hatte er das Kommando über ein Grenadierbataillon erhalten und hoffte, es bald in einer Schlacht zu befehligen. Seine Gedanken und Gefühle waren jedoch nicht ausschließlich militärischen Dingen zugewandt.

Der gute Ruf eines jungen Künstlers hatte Prinz Ferdinand angeregt, zwei Porträtbüsten seiner Söhne anfertigen zu lassen. Der Bildhauer, der den Auftrag erhielt, war Karl Friedrich Wichmann, wie sein Bruder Ludwig Wilhelm ein Schüler Schadows und wegen seines gefälligen Stils auf dem besten Wege, in Berlin Mode zu werden. Louis Ferdinand und August begaben sich in das Atelier der beiden Künstler, wo zunächst einige Skizzen gemacht wurden. Die Ausarbeitung der Köpfe erforderte noch weitere Sitzungen, in deren Verlauf die Prinzen die Schwester der Wichmanns kennenlernten. Erstaunlicherweise war sie mit ihren 23 Jahren noch ledig, zu einer Zeit, wo Mädchen gewöhnlich mit 15 bis 18 Jahren heirateten. Die hübsche und lebhafte Caroline Friederike gefiel besonders Prinz August sehr, ihr heiteres Gesicht und ihre dunklen Locken wurden ihm wichtiger als sein marmorner Kopf.

Revolution und ihre Auswirkungen auch auf das gesellige Leben anderer Länder hatten es mit sich gebracht, daß Schranken, die sonst unüberwindlich schienen, plötzlich wie Staub niedersanken. Prinzen konnten sich in Bürgerwohnungen begeben, wie Louis Ferdinand in die Dachstuben der klugen Rahel Levin, und nichts anderes zählte dort, als ihre Fähigkeit, andere durch ihre Unterhaltung zu fesseln. Bürger wiederum fühlten ihren Wert, und Künstlern standen mehr Türen offen als manchem hochgeborenen Titelträger. Ob Caroline Friederike ihrem Verehrer demütig oder selbstbewußt begegnete, ist unbekannt. Jedenfalls erwiderte sie Augusts Neigung bald rückhaltlos, und als die Arbeit ihres Bruders fertig war, begann für das Paar eine lange Zeit der Verbundenheit, zunächst zwar im Geheimen, aber gerade darum tiefgreifend für beide. Auch in dieser Beziehung hatte August ein Vorbild an seinem Bruder, der selber seit einigen Jahren mit einer Bürgerstochter zusammenlebte, die seiner neuesten Leidenschaft, der verwirrend reizvollen Pauline Wiesel, gegenüber so etwas wie Ehefrauenrechte geltend machen konnte.

Von einer standesgemäßen Heirat Louis Ferdinands wurde in seiner Familie nicht mehr gesprochen, seit die Verbindung mit der ältesten Prinzessin von Kurland, Wilhelmine, erst freudig befürwortet, dann aber vom König abgelehnt worden war. Ebenso wenig war die Rede davon, daß August heiraten sollte. Dem Hof mochte an erbberechtigten Nachkommen der Ferdinandschen Kinder im Hinblick auf ihren zukünftigen Besitz nichts gelegen sein.

So konnte sich Prinz August ungehindert seiner schönen jungen Geliebten widmen. Die Geburt einer Tochter am 24. November 1805 festigte seine Beziehung zu Friederike. Das Kind, Eveline, genannt, entzückte ihn, es rief Beschützerinstinkte in ihm wach, aber auch Besitzerstolz. Öfter denn je fand er den Weg in die Mohrenstraße, um das Kind und seine Mutter zu sehen.

Seine Wohnung befand sich natürlich nach wie vor bei seinen Eltern im Ordenspalais, beziehungsweise in Bellevue. Zu Augusts Adjutanten hatte der König 1805 den Leutnant Carl v. Clausewitz ernannt, einen der strebsamsten und klügsten unter den jungen Offizieren. Sein ernsthaftes Wesen und gründliches Denken wirkten wohltätig auf August, gemeinsam besuchten die fast Gleichaltrigen die Vorlesungen der Militär-akademie, zu deren Lehrstoffen nicht nur Kriegswissenschaft, sondern auch Philosophie und Geschichte und Naturwissenschaften gehörten. Vertrautheit brachte ihr täglicher Umgang mit sich, wirkliche Freundschaft nicht. Zwar verstanden sie sich in ihrer Hingabe an ihren Beruf und im Bestreben, ihrem Land nützlich zu sein. Doch ihr Wesen und Charakter waren völlig verschieden. Clausewitz' brennendem Ernst, seinem überragenden Geist mußte August durchschnittlich, sogar oberflächlich erscheinen, und vollends unverständlich blieb ihm das Vergnügen an gesellschaftlichem Leben und an nur angenehmen, nicht wesentlichen Beschäftigungen. So blieb Clausewitz hilfreich, doch nicht mehr ergeben, als der Respekt erforderte. August dagegen schätzte die ungewöhnlichen Fähigkeiten seines oft schweigsamen Begleiters ganz unbefangen, und er bewahrte seinem Adjutanten herzliches Wohlwollen selbst zu Zeiten, als andere sich von ihm abkehrten.

Prinz August. Gemälde von Wilhelm Wach.

3 Feldzug 1806

Im Oktober des Jahres 1805 besuchte Zar Alexander I. von
Rußland Berlin und gewann Preußen für das Bündnis mit Österreich und Rußland gegen Frankreich. Feierlich reichten sich die
Monarchen am Sarge Friedrichs des Großen die Hände zum
Bund; doch ehe dieser Händedruck die preußischen Regimenter
in Bewegung und in Berührung mit dem Feind gebracht hatte,
schlug Napoleon die Österreicher bei Austerlitz. Nachdem er
sich so Anfang Dezember eines Verbündeten Englands entledigt
hatte, überließ er Preußen, das sich eilends wieder zurückzog,
Hannover, allerdings gegen Abtretung der preußischen Gebiete
Ansbach-Bayreuth, Cleve und Neuchâtel. Österreichs Niederlage brachte auch einigen anderen deutschen Fürsten zunächst
Vorteile: Bayern und Württemberg wurden Königreiche, und
viele schlossen sich Napoleons Rheinbund an, um sich des
mächtigen Schutzes Frankreichs zu versichern. Trotz Preußens
neutraler Haltung machte sich allgemein das Gefühl drohenden
Unheils breit. Louis Ferdinand schrieb seiner Schwester voller
Bitterkeit, „keiner wage das Wort Krieg auszusprechen, das
ganz Berlin mit Schrecken zu erfüllen scheint". Dennoch dachte
jeder daran, die Bevölkerung ebenso wie der Hof und alle, die
ihm nahestanden. Der Minister Graf Haugwitz, der so lange
zum Frieden geraten hatte, begegnete auf dem Fest, das die
Königin am 12. August 1806 zu Ehren ihres Bruders, Herzog
Karls von Mecklenburg, gab, nur vorwurfsvollen und beunru-
higten Mienen. Dabei wußten die meisten nicht einmal, daß
Napoleon, wie um Preußen zu verhöhnen, gerade Hannover

wieder England angeboten hatte. Man fühlte nur, daß das vorsichtige Wohlverhalten dazu führte, bald ohne Hilfe allein dem unersättlichen Gegner gegenüberzustehen.

Da man darüber hinaus glaubte, nicht den König träfe die Schuld an dieser gefährlichen Lage, sondern sein Kabinett, so beschlossen einige Mutige, während die Armee erneut teilweise mobil gemacht wurde und die französischen Truppen sich den preußischen Grenzen näherten, ihm in einer Denkschrift die Ablösung der Männer vorzuschlagen, die immer noch auf Frankreich setzten. Zu diesen Mutigen gehörte natürlich Louis Ferdinand, sogar die Brüder des Königs, Heinrich und Wilhelm, der Minister vom Stein, mehrere beim König angesehene Generäle und auch Prinz August. Sie taten etwas Unerhörtes, als sie den von Johannes v. Müller entworfenen Text unterschrieben. Sie kritisierten offen die Politik ihres Souveräns, sie wagten sogar, seine engsten Vertrauten der Bestechlichkeit zu beschuldigen. Am 2. September 1806 wurde das Papier dem König überreicht. Die Hoffnung, der König werde „den Ausdruck der öffentlichen Stimmen mit der Huld aufnehmen, welche durch die vollständigste Hingebung unsererseits für Höchstdero Dienst erwidert wird", sollte sich allerdings nicht erfüllen. Er war im Gegenteil nicht nur anderer Meinung, sondern zornig und gekränkt. Seine Brüder und sein Schwager mußten dem Groll Friedrich Wilhelms persönlich standhalten, den übrigen wurde ohne weitere Erörterungen befohlen, sich zur Armee zu begeben. Der Krieg begann mit Abschiednehmen. Louis Ferdinand machte noch einen Versuch, sich vor dem König und seiner Gemahlin, die ihm sonst immer so günstig gesonnen war, zu rechtfertigen, aber der König wollte ihn nicht empfangen. So fuhr er noch einmal zu seinen Eltern nach Bellevue, die ihn diesmal mit Rührung umarmten, dann zu seinen Kindern, zu seiner geliebten Pauline und endlich zu seiner Schwester, die in dem tieftraurigen Gesicht ihres Bruders ihre eigenen trüben Ahnungen wie in einem Spiegel sah.

Prinz August hatte Berlin bereits verlassen, als die Denkschrift in die Hände des Königs gelangte. Am 29. 8. nahm er

Abschied von seinen Eltern, und die Radziwills hatten ihn bis Charlottenburg begleitet. Seine Zukunftsgedanken mögen wohl weniger dunkel gewesen sein, er war jung und begierig, seine Fähigkeiten zu erproben. Dem Aufbruch der unbotmäßigen Prinzen folgte der der übrigen hohen Offiziere. Am 5. September kamen König und Königin morgens zu einem Abschiedsbesuch nach Bellevue. Höflich ließen sie sich Prinz Ferdinand und seiner Gemahlin gegenüber den Groll über deren ungehorsame Söhne nicht anmerken. Dann reiste der König am 20. September zur Armee, und Königin Luise folgte ihm wie zu einer Truppenparade.

Augusts Eltern beschäftigten sich gerade mit dem Gedanken an einen neuen Wohnsitz. Prinz Ferdinand sah voraus, daß seine Gemahlin nach seinem Tode das Ordenspalais nicht würde behalten können, und hatte bereits am 30. Juli vom Minister von Voss dessen Palais in der Wilhelmstraße 65 gekauft, und da es in keinem guten Zustand war, auch gleich den Oberbaudirektor David Gilly damit beauftragt, den Um- und Ausbau vorzunehmen, wofür er die erhebliche Summe von 60 000 Talern auszugeben gedachte. Die Arbeiten hatten gerade begonnen, und ohnehin hatte man in Berlin bis in den Oktober hinein nichts weiter zu tun als zu warten. Nachrichten über politische oder militärische Vorgänge drangen nicht zu den Bürgern, die ihren Tag lebten wie bisher und vertrauten, der Sieg werde bald errungen sein und Napoleon ein Grollen über ferneren Landstrichen bleiben.

Die Hauptmacht des preußischen Heeres stand bei Erfurt unter dem Kommando des alten Herzogs von Braunschweig, den rechten Flügel in der Gegend zwischen Gotha und Eisenach führte General Rüchel, bei ihm befand sich Prinz August mit seinem Bataillon. Den linken Flügel an der Saale befehligte der Fürst von Hohenlohe, und seine Avantgarde war Prinz Louis Ferdinand anvertraut worden. Zur Avantgarde hatte er immer gehört, auch jetzt drängte es ihn vorwärts, doch nicht mehr mit Zuversicht, sondern nur in dem Gefühl, schnell zu vollenden, was doch nicht mehr aufzuhalten war.

Die Franzosen näherten sich den preußischen Stellungen. Am frühen Morgen des 10. Oktober hatte sich jene Lage ergeben, die zu dem Gefecht der preußischen und sächsischen Avantgarde mit dem ganzen Korps des Marschalls Lannes führte und gegen Mittag den mit 12000 Soldaten überlegenen Franzosen den Sieg über 9000 Preußen brachte. Es war keine eigentliche Schlacht, und das Zurückweichen der Preußen auf ihre Hauptarmee mußte nichts weiter bedeuten als den unglücklichen Beginn eines Feldzuges. Ringsum bei den übrigen Truppen hörte man das Kanonen- und Gewehrfeuer, und als es über Tag abnahm, hoffte man auf einen guten Ausgang. Und doch hatte sich etwa Schreckliches ereignet. Als August am 11. Oktober in seinem Quartiert in dem kleinen Ort Denstädt bei Weimar seine Vormittagsarbeiten erledigte, fragte sich ein sächsischer Husar zu ihm durch, der einen blutbefleckten Sattel vor ihn niederlegte. Wenige Worte erklärten die Bedeutung der Gabe: es war der Sattel von seines Bruders Pferd und trug die Spuren seiner Wunden. Louis Ferdinand war am Tage vorher bei Saalfeld gefallen.

Augusts Bestürzung und Schmerz werden nicht geringer gewesen sein als der allgemeine Schrecken, der das preußische Heer erfaßte. War es möglich, daß dieser Mann, der die verkörperte Auflehnung gegen Napoleon war, mit seinem Leben dafür bezahlen mußte, daß sich Bewunderung und Hoffnung an ihn geheftet hatten? Welche Opfer würde der Krieg noch fordern, wenn gleich sein erstes ein unersetzliches war! „Der Tod des Prinzen hat fast der ganzen Armee Tränen gekostet", schrieb Clausewitz in einem Brief. Später faßte er sein Urteil noch einmal in abgewogenen, doch warmen Worten zusammen: „Es gibt wenige Menschen, deren ganzes Wesen die Natur den Helden-Charakter so deutlich aufgeprägt hätte, und selten gehen aus ihrer Hand so reich, ich möchte sagen, so prächtig ausgestattete Menschen hervor." Und er lobte Louis Ferdinands Kühnheit und seine Todesverachtung im Angesicht der unvermeidlichen Niederlage.

Vielleicht war der König der einzige, der die Todesnachricht ohne große Bewegung vernahm und nur von der „kleinen Scharte" sprach, „die ausgewetzt werden" müsse. Am 13. Oktober brach August mit seinem Bataillon auf, um sich der Hauptarmee unter dem Herzog von Braunschweig anzuschließen. Das Pferd, das er ritt, war Louis Ferdinands „Slop", den man ihm gebracht hatte. Unweit des Lagers ließ er seine Soldaten noch einmal haltmachen, um ihnen die Proklamation des Königs verlesen zu lassen. Danach richtete er selbst einige Worte an sie: „Außer den Pflichten, welche ich meinem Vaterlande schuldig bin, habe ich noch eine andere heilige Pflicht zu erfüllen, die, meinen Bruder zu rächen, welcher auf eine glorreiche Art für dasselbe gestorben ist. Schwört mir, Grenadiere, mir beständig zu folgen, und seid gewiß, daß ich euch jederzeit den Weg der Ehre und des Ruhmes führen werde!"

Dann zogen sie weiter zu dem ihnen bestimmten Sammelplatz, etwa eine halbe Wegstunde von dem Dorf Auerstädt entfernt. Um Mitternacht erreichten sie ihr Biwak, wo sie trotz der kalten, mondlosen Nacht aus Mangel an Holz kein Feuer machen konnten, und statt einer warmen Mahlzeit hatte jeder nur seine dreitägige Brotration erhalten.

Die Nacht lichtete sich zu einem Herbstmorgen voll dichten Nebels, und August erwachte bereits von Kanonendonner, der von der Division des Grafen Schmettau herrührte. In dem Glauben, es nur mit einer geringen Zahl von Franzosen zu tun zu haben, griff der linke preußische Flügel an, aus einer zunächst nicht ungünstigen Stellung nordöstlich des Dorfes Auerstädt heraus. Aus der mehr zufälligen Begegnung vorgeschobener Truppenteile entwickelte sich die Schlacht. Im Laufe der folgenden Stunden wurden von beiden Seiten immer neue Truppen herangeführt, Hügel, Hohlwege und Dörfer fielen bald den Preußen, bald den Franzosen zu. Das tapfere Aushalten preußischer Infanterie beantwortete der Feind schließlich durch Umgehen, wodurch ihre Stellung unhaltbar und sie gezwungen wurde, sich zurückzuziehen, vergeblich hoffend, die bewährte Bravour der Kavallerie würde ihr zu Hilfe kommen. Daß sie es nicht tat, daß vielmehr ein planloses Hin und Her sinnlose Opfer forderte, lag an der plötzlichen Führungslosigkeit der Armee. Den Herzog von Braunschweig, der seinen Schlachtplan im Kopf trug, ihn aber nicht ausreichend genug bekannt gemacht hatte, traf eine Kugel, die ihm Besinnung und Augenlicht nahm. Ohne einen ordnenden Oberbefehl – der König traute ihn sich nicht zu – fochten so tüchtige Generäle wie Möllendorf, Schmettau, Wartensleben und Blücher nach eigenem Ermessen weiter, solange sie Munition und Soldaten hatten. Beides schwand jedoch dahin, und vereinzeltes Zurückweichen ging in regelrechte Flucht über, von den Franzosen trotz ihrer eigenen Erschöpfung hart verfolgt. Sie waren weder feige noch unfähig, die Soldaten Friedrichs des Großen, und wurden doch besiegt, ehe sie es noch recht fassen konnten.

August, der 1. Division der Reserve unter dem General Graf von Kalckreuth zugeteilt, blieb zunächst etwa drei Kilometer weiter mit seinem Bataillon gefechtsbereit, aber untätig auf seinem Platz. Erst um die Mittagszeit erreichte ihn der Befehl des Königs, zum Angriff vorzugehen und dabei noch das Kommando über drei weitere Bataillone zu übernehmen. Erleichtert, endlich zur Tat aufgerufen zu sein, ließ der Prinz die Grenadiere vorrücken, wie sie es gelernt hatten, schleunigen Schrittes, in Ordnung und Geschlossenheit, hinein in das verworrene rauchverhangene Unbekannte. Je näher sie dem Kampfeslärm kamen, desto mehr wurden ihnen zurückflutende Soldaten, Verwundete und liegengebliebenes Gerät zum Hindernis. Es bedurfte keines weiteren Befehls, um zu erkennen, daß es vor allem darauf ankam, die Fliehenden zu sammeln, den weiter vorn Kämpfenden, die abgeschnitten zu werden drohten, den Rückzug zu sichern. Eins der drei ihm anvertrauten Bataillone ließ August zu seiner eigenen Deckung bei dem Dorf Gernstädt stehen, mit seinem eigenen und den beiden anderen marschierte er weiter, bis sie in das unbeschreibliche Durcheinander zwischen den Dörfern Poppel und Tauchwitz gerieten und hier auf die Franzosen stießen. Heftiges Feuer schlug den Grenadieren entgegen, viele wurden getroffen, ihr Schritt stockte. August befahl, unverzüglich – aus der Reichweite des Gewehrfeuers heraus – mit dem Bajonett anzugreifen, doch weder Trommelsignal noch menschliche Stimme drang im Lärm der Geschütze durch. Fieberhaft ließ August den Grenadiermarsch schlagen, die Soldaten faßten zwar Tritt, begannen aber in ihrer Verwirrung und Angst wieder zu schießen, ohne damit viel zu bewirken oder Boden zu gewinnen. In seiner Ungeduld drängte August sein Pferd durch die Grenadiere hindurch, vor die Linie, und stürmte selbst voran, so daß die Franzosen wenigstens solange zurückwichen, um dem geordneten Rückzug der Reste zersprengter preußischer Divisionen Raum zu geben. August folgte ihnen nach Auerstädt, das bereits unter starkem französischen Artilleriefeuer lag. Durch den Feuerschein des brennenden Ortes, durch Granaten und Kartätschenkugeln zogen sie weiter auf Weimar zu. Die Schlacht war verloren.

Das Ziel der geschlagenen Truppen, sich mit der Armee des Fürsten Hohenlohe zu vereinigen, vereitelten jedoch die Franzosen, die bei Apolda bereits Fuß gefaßt hatten, und die müden Soldaten mußten einen anderen Weg einschlagen.

Inzwischen war es tiefe Nacht geworden, die Männer tappten auf nassen Wegen vorwärts, Hunger und Durst wurden nun fühlbar, viele brachen erschöpft zusammen, taumelten ziellos durch die Dunkelheit. Als die Bataillone am nächsten Morgen auf andere preußische Truppen stießen, deren Zustand auch nicht besser war, erfuhren sie, daß sie nicht die einzigen Flüchtigen waren. Auch bei Jena war der Kampf entbrannt, auch dort hatten die Franzosen, von Napoleon selbst befehligt, gesiegt, und auch dort war völlige, ja noch schlimmere Auflösung des Heeres die Folge gewesen. Und weiter marschierten die Geschlagenen, nun schon zu stumpf, um auf das Geschehen um sie herum zu achten. Irgendwoher war die Parole gekommen, ihnen Brot auszuteilen, oder wenigstens Geld, um Brot zu kaufen. Aber die Verpflegungswagen und die Regimentskassen waren so unauffindbar wie ein Bäckerladen mitten im Wald, und August bemerkte bitter, mit nicht vorhandenem Geld ließe sich nicht vorhandenes Brot gut kaufen. Als die Reste seiner Bataillone sowie einige andere versprengte Truppenteile sich Sondershausen näherten, stießen sie auf eine französische Reiterschar, und ohne sich von ihrer Stärke weiter zu überzeugen, neigte General Kalckreuth dazu, sich mit dem gesamten Korps zu ergeben. August hörte kaum davon, als er auch schon zu ihm ritt und um Aufklärung über sein Vorhaben bat. Es gab einen kurzen schneidenden Wortwechsel zwischen Kalckreuth und dem Prinzen. August erklärte, er werde den Angriff auf diese Franzosen mit seinem Kopf verantworten, der König könne unmöglich befohlen haben, sich kampflos zu ergeben, und der General erwiderte höhnisch, ob er, August, denn das Kommando völlig übernehmen wolle. Der Prinz fühlte sich im Recht, umso mehr, als viele Offiziere ihn beschworen, die Kapitulation zu verhindern. Vor allem General Blücher unterstützte Augusts Haltung lautstark und unverblümt.

Trotzdem mußte der Prinz, der dem General ja untergeben war, zusehen, wie Verhandlungen mit den Franzosen angeknüpft wurden. Sie verliefen jedoch ergebnislos, und stattdessen lebte der Kampf wieder auf. Blücher, der Augusts Mut wohl lobenswert fand, jedoch dem erschöpften Zustand der Truppen Rechnung trug, griff lieber zu einer List, um die Franzosen abzuschütteln. Er rief dem gegnerischen Offizier zu, ob er denn nicht wisse, daß bereits Waffenstillstand herrsche, und dieser ließ daraufhin die Preußen ungehindert an sich vorüberziehen. Sie erreichten glücklich das nächste Dorf, doch dann erfuhr der Franzose den Schwindel und griff die Nachzügler um so heftiger an. Das Füselier-Bataillon hielt ihn aber solange in dem brennenden Dorf fest, bis ein gewisser Vorsprung die Gefahr von den übrigen Truppen abwandte.

August führte inzwischen den Befehl über seine drei Grenadierbataillone – eins war fast aufgerieben und mit den anderen verschmolzen worden –, ferner über einige weimarische Jäger und die Reste von drei Kavallerie-Regimentern, mit denen er schließlich früh morgens Sondershausen erreichte. Hier erfuhr er, daß der Weitermarsch nach Nordhausen beinah augenblicklich beginnen sollte. Diesem Befehl nachzukommen, brachte der Prinz nicht mehr über sich, auf eigene Verantwortung ließ er Halt machen. Auch hier gab es nichts zu essen, und August blieb nichts anderes übrig, als von seinen Offizieren soviel Geld zu-sammenzuborgen, um jedem Soldaten wenigstens einen Schluck Branntwein zu kaufen. Der Alkohol belebte alle soweit, daß sie sich wieder in Bewegung setzen konnten, und mittags hatten sie die übrigen Bataillone des Hohenloheschen Korps wieder einge-holt. Doch nun stiegen vor ihnen die Höhen des Harzes auf, und war der Marsch bisher schon schleppend gewesen, so wurde er nun geradezu schneckenhaft. Die Geschütze der Artillerie auf den gebirgigen Straßen voranzubringen, scheiterte in vielen Fäl-len, sie wurden einfach stehengelassen, die Pferde liefen unge-hindert davon.

Die Abstände zwischen den einzelnen Abteilungen vergrö-ßerten sich immer mehr, und mancher ließ sich einfach fallen und ging den anderen verloren. Wieder senkte sich ein Abend herab. August ließ schließlich das gute Hundert Soldaten, das sich gerade bei ihm befand, anhalten und ein Feuer machen. Im Schein der Flammen, die einen Hauch Wärme in die steifen Glie-der sandte, schlief auch der Prinz etwas abseits auf dem weichen Waldboden wie tot, beruhigt, daß wenigstens von den Franzosen keine Störung mehr zu befürchten war. Als er erwachte, war es merkwürdig still. Seine eigenen Leute – neun im Ganzen – lagen noch so, wie sie sich abends niedergeworfen hatten, von den übrigen sah und hörte man nichts. Aufs Geradewohl ritt August mit seinem Jäger ein Stück den Waldweg entlang, begegnete aber niemandem außer einem Holzarbeiter, der bereit war, den klei-nen Trupp bis zum nächsten Dorf, Stiege, zu führen. Auch dort war nichts über weitere Marschbefehle zu erfahren, nur daß der General Kalckreuth sich in Blankenburg befinden solle. August gönnte sich nochmals einige Stunden Ruhe, bevor ihn der Ge-danke an seine versprengten Soldaten schließlich weiter trieb. Er kam durch Blankenburg, dann nach Halberstadt. Dort traf am Abend Clausewitz mit einigen 200 Mann ein und brachte die Nachricht, daß auch die übrigen Reste von Augusts Bataillonen sich wieder angefunden hatten. Alle zusammen strebten nun mit dem Hohenloheschen Korps der Elbe zu, bei Rogätz überschrit-ten die Truppen den Fluß und zogen weiter zur Oder.

Am 11. Oktober trafen einige unbestimmte Nachrichten von den Ereignissen in Berlin ein. Die Bewohner von Bellevue übersiedelten sofort in ihr Stadtpalais. Als Luise Radziwill, die gerade einige Tage bei ihren Eltern verbrachte, sich am 13. Oktober früh ankleidete, um der Schwägerin des Königs, Prinzessin Marianne, einen Geburtstagsbesuch zu machen, traf ein Brief des Grafen Schmettau ein, der den wahrscheinlichen Tod Louis Ferdinands meldete. Luises Vater wahrte eine ungewöhnliche Fassung, er schien zu glauben, daß seines Sohnes Tod die gerechte Strafe für seine vermeintliche Kriegstreiberei sei. Ihre Mutter war hauptsächlich in Sorge darüber, daß in dem Brief nichts über ihren Liebling stand. Erst als Anton Radziwill von seinem Jagdausflug heimkam, fand Luise eine Seele, die ihren Schmerz und ihre Unruhe bedingungslos teilte. Beide begaben sich nach Hause, wo sie Louis Ferdinands Freunde versammelt fanden, die der gemeinsame Kummer dorthin getrieben hatte.

Um nicht untätig zu bleiben, reiste Anton nach wenigen Stunden ins Hauptquartier ab, um Genaueres über seinen Schwager zu erfahren.

Luise verbrachte die nächsten Tage in marternder Ungeduld, Tränen waren ihre einzige Erleichterung, doch verleidete ihr die ständige Frage ihrer Mutter nach August den Ausdruck ihrer Trauer. Hier war Louis Ferdinand bereits vergessen. Nicht jedoch in der Stadt, wo die Menschen sich die Nachricht gegenseitig zuriefen, die sie nicht glauben wollten, deren Unzuverlässigkeit sie sich beteuerten und die doch ihre traurige Wahrheit behauptete, je weiter sie vordrang. Wie unter den Soldaten betrachtete man allgemein den Tod des Prinzen als böses Vorzeichen, und schneller als gedacht bewahrheiteten sich die düsteren Ahnungen. Am 16. Oktober erfuhr man nun auch von den verlorenen Schlachten bei Jena und bei Auerstädt, nun erst wurde aus der Trauer um den einzelnen die Angst um all die anderen, die Angst um das eigene Leben, um Hab und Gut. Riesengroß wuchs die Gestalt des Korsen, und wie ein Schatten schwand der eben noch so feste Glaube an die preußische Armee. Alle Zuversicht schien sich nun selbst zu verhöhnen, und die Abreisevorbereitungen, die die königliche Familie traf, trugen nicht dazu bei, das Vertrauen zu vermehren.

Vor den Fenstern der Königin, die einige Stunden zuvor nach Berlin zurückgekehrt war und nun ihre Übersiedlung nach Stettin vorantrieb, bildeten sich Menschentrauben, aus denen Laute des Schmerzes, aber auch Murren und etwas wie Schadenfreude heraufklang. Die Königin selbst war viel zu bedrückt, um darauf zu achten, aber Luise Radziwill fühlte sich wie von etwas Unheimlichem berührt. Ihre Welt, der Bau Friedrichs des Großen, war aus den Fugen geraten, und durch die zerbrochenen Balken blickte die neue Zeit unbarmherzig herein.

In den nächsten Tagen verließen die Hofkutschen in langer Reihe die Stadt. Prinz Ferdinand und seine Gemahlin jedoch beschlossen zu bleiben, ebenso die alte Prinzessin Heinrich. Sie waren in einer zu französisch getränkten Lebensluft aufgewachsen, um sich vor Franzosen zu fürchten.

Luise Radziwill bot ihren Eltern an, ebenfalls bei ihnen zu bleiben, obwohl ihr Mann Napoleon keinesfalls zu begegnen wünschte und sie selbst als Schwester zweier Prinzen der Kriegspartei auch nicht in seiner Gnade stand. Ihre Eltern stellten ihr jedoch frei, sich in Sicherheit zu bringen, und so folgte Luise mit ihren Kindern der Königin nach Stettin. Sie verließ ihr Heim wie zu einem kleinen Ausflug und sollte doch jahrelang von ihm getrennt bleiben.

Wem immer es möglich war, flüchtete aus der Stadt. Dann kehrte jene Ruhe ein, die der Gouverneur von der Schulenburg als „die erste Bürgerpflicht" bezeichnet hatte. Berlin erwartete den Sieger.

Als August mit seinem Bataillon am 28. Oktober Prenzlau schließlich fast erreicht hatte, war dessen Zahl auf weniger als die Hälfte zusammengeschmolzen. Dieser Rest bildete nun die Nachhut des sich noch immer zurückziehenden Hohenloheschen Korps. August hörte zwar von Kapitulationsverhandlungen zwischen Oberst v. Massenbach und den Franzosen, folgte aber unbeirrt dem vor ihm ziehenden Regiment. Die Franzosen waren ihnen auf den Fersen, ein französischer Kavallerieangriff trennte Augusts Bataillon und einige Eskadrons Kürassiere von den übrigen Truppen, so daß sie gezwungen waren, nach links auszuweichen, um längs des Flusses Ucker den Anschluß wieder zu finden. Aber bald hatten die Franzosen sie in dem leicht überschaubaren Gelände entdeckt, und als sie eine Brücke passierten, gerieten sie unter die Geschosse einer reitenden Batterie. Eine besonders heftige Salve sprengte die Kürassiere auseinander, nur mit Mühe gelang es August und dem umsichtigen Clausewitz, einige achtzig von ihnen wieder zu sammeln.

Sich dem Feind zu stellen, der sichtlich meinte, eine leichte Beute vor sich zu haben, war nun unumgänglich. Der Prinz war entschlossen, sich zu wehren, notfalls mit den Reitern allein durchzubrechen. Doch die Kürassiere machten sich wider alle Pflicht aus dem Staub und verschlimmerten dadurch die Lage ihrer Kameraden. August nahm den Stern des Schwarzen Adlers von seiner Uniform und wickelte sich in seinen Mantel, um nicht so leicht als hoher Offizier kenntlich zu sein. Dann erinnerte er die Grenadiere an ihren Eid bei Weimar und versprach ihnen einen Orden oder eine Medaille, auch Geld, wenn sie tapfer aushielten.

Er ließ die etwa 400 ein Karree bilden und befahl den Offizieren, die Leute erst im letzten Augenblick auf die von drei Seiten anstürmenden Reiter schießen zu lassen.

Die unbeweglich haltenden Grenadiere machten die Franzosen stutzen, der Galopp verkürzte sich zum kurzen Trab – da fielen die Schüsse, Reiter stürzten, Pferde brachen zu Boden, der Rest bildete ein wüstes Gemenge, ritt zurück. Die Grenadiere fühlten sich ermutigt von ihrem Erfolg, die Verwirrung unter den Franzosen nutzend, marschierten sie in der eingeschlagenen Richtung weiter. Ein Dorf lag vor ihnen, doch bevor sie es erreichten, mußten sie die Angreifer ein zweites Mal zurückschlagen. Das Dorf erwies sich als Hinterhalt, die Franzosen versteckten sich zwischen Hecken und Gräben und beschossen von dort die dichtgedrängten Preußen. Das Dorf zu umgehen, kostete Zeit, die Feinde umschlossen das Bataillon jetzt enger, der Boden ging in Sumpfgelände über.

Auch hier half noch einige Male die bewährte Igelstellung, wieder und wieder ritten die Franzosen an, siebenmal wurden sie abgeschüttelt wie ein Wespenschwarm.

Doch das Ende konnte nicht zweifelhaft sein. Vor dem Bataillon lag flaches, ungeschütztes Land. Den Damm, der einen Bogen durch die Uckermoräste von Prenzlau bis Pasewalk beschrieb, glaubte August nicht mehr benutzen zu können, sondern schwenkte mit seinen Leuten abkürzend in den Sumpf. Zunächst kamen Menschen und Pferde überraschend gut voran, von den Franzosen vom Damm aus beobachtet. Doch wurde der Boden schwieriger, jeder Fußtritt sank tief ein, breite Gräben mußten übersprungen werden, das Bataillon zog sich mehr und mehr auseinander. Immer mehr Soldaten blieben zurück, auch die Pferde der Offiziere. Schon lange zog August den treuen Slop am Zügel mit sich fort, doch riß er sich schließlich los, schwamm in die Ucker hinaus und war nicht wieder einzufangen. August selbst wäre zweimal fast ertrunken, hätten ihn nicht Hände von rechts und links festgehalten. Als die schlimmsten Sumpfstellen hinter ihnen lagen, waren noch ungefähr hundert Grenadiere und neun Offiziere beisammen. Inzwischen hatten die Franzosen auf dem Damm eine Batterie aufgefahren, in deren Reichweite der kleine Haufen nun gelangte. Gleichzeitig näherten sich wieder die Reiter.

August mußte erkennen, daß sie in der Gewalt der Franzosen waren. So steckte er den Ordensstern wieder an seine durchnäßte Uniform und ergab sich dem ersten auf ihn zukommenden Dragoner. Orden und Uhr wurden ihm sogleich geraubt, und rückwärtsblickend sah er, daß die Nachzügler seines Bataillons sich nach Prenzlau zurückwandten, dabei auf die Franzosen noch nach Möglichkeit feuernd. Der General, zu dem August gebracht wurde, bedeutete ihn, er solle seinen Leuten das Schießen verbieten. Doch August zuckte nur die Achseln und erklärte, sie stünden ja nicht mehr unter seinem, des Gefangenen, Befehl, und er freue sich, daß sie sich wie brave Leute wehrten.

Ungeachtet dieser trotzigen Antwort, ließ ihm der General Orden und Uhr wieder aushändigen, als er erfuhr, mit wem er es zu tun hatte. Das Pferd, das man dem Prinzen zuführte, war der arme Slop, den die französischen Dragoner eingefangen hatten. Um ihn einzulösen, gab August ihnen sein letztes Geld.

Der Schuß, der seinen linken Fuß gestreift hatte, schmerzte ihn nicht so sehr wie die Mitteilung, daß das Hohenlohesche Korps inzwischen kapituliert hatte. Und nicht nur das: auch die übrigen Teile der Armee hatten die Waffen gestreckt, ebenso die Festungen ihre Tore geöffnet. Erfurt, Magdeburg, Küstrin und Spandau ergaben sich ohne Widerstand, und – er traute kaum seinen Ohren – Berlin war von den Franzosen besetzt worden. Der Alptraum des 14tägigen Marsches, immer nur die nächste Stunde bedenkend, die nächste Etappe vor Augen, wich dem schlimmeren Alptraum der völligen Niederlage, der Auflösung des ganzen Staates.

Die Franzosen ritten mit ihrem Gefangenen zurück nach Prenzlau, wo sie den Prinzen zu Marschall Joachim Murat, von Napoleons Gnaden Großherzog von Berg, brachten. Der für seine Kühnheit bekannte Befehlshaber der französischen Reiterei betrachtete August mit großem Wohlwollen. Die verbissene Beharrlichkeit, mit der er sich verteidigt hatte, gefiel ihm, die Entschlossenheit, sich mit 400 Mann einer dreifachen Übermacht so lange zu erwehren, hob sich vorteilhaft von der Eile ab, mit der andere preußische Offiziere kapituliert hatten. So waren die schmeichelhaften Worte, die Murat dem schmutzigen, unrasierten jungen Offizier sagte, keine bloße Höflichkeit. Überdies teilte er August mit, daß er sofort nach Berlin gebracht werden würde, um von Napoleon selbst sein weiteres Schicksal zu erfahren.

Der Brief, den Luise Radziwill bei ihrem neuerlichen Aufbruch in Stettin für ihren Bruder hinterlassen hatte, die Vorbereitungen, die sie für seinen Aufenthalt hatte treffen lassen, blieben ungelesen und ungenutzt. August fand sich anders und schneller in der Hauptstadt wieder, als er gedacht hatte. Und man brachte ihn auch sofort zu Napoleon, der am 27. Oktober an der Spitze seiner Garden durch das Brandenburger Tor in Berlin eingezogen war und sich mit Genugtuung im Schloß in den Räumen Friedrichs des Großen eingerichtet hatte.

Er empfing seinen ranghöchsten Gefangenen inmitten seines Gefolges. August, ohne Hut, in seiner schmutzigen Uniform, wegen seiner Fußverletzung ohne Stiefel – sie lagen irgendwo im Uckermorast – und zum Umfallen erschöpft, tat dem Sieger nicht den Gefallen, kläglich auszusehen. Das Bewußtsein, seine Pflicht getan zu haben, und seine straffe Haltung halfen ihm über den peinlichen Augenblick hinweg. Der Kaiser erwiderte seinen förmlichen Gruß höflich genug. Seine Fragen, warum ihm Preußen eigentlich den Krieg erklärt habe und ähnliches, überging August mit Schweigen. Stattdessen bat er um die „Gnade, ihn nicht mit denjenigen zu verwechseln, welche eine nichtswürdige Kapitulation geschlossen" hätten. Er habe sich bis zur letzten brauchbaren Patrone gewehrt. Napoleon schien dies zu wissen. Er gestattete seinem Gefangenen großmütig, bei seinen Eltern zu wohnen und sich frei zu bewegen, unter der Bedingung, daß er die nächtliche Ausgangssperre einhielte. August verbeugte sich stumm und hinkte aus dem Zimmer.

Seine Eltern waren überglücklich, ihn so unerwartet und fast unversehrt wiederzusehen, Prinzessin Ferdinand umarmte ihn wieder und wieder unter glücklichen Tränen. Der Verlust ihres älteren Sohnes wurde reichlich aufgewogen durch die unendliche Freude, daß es nicht August war, den sie verloren hatte.

Er erfuhr nun, daß am Tag zuvor Napoleon bei seinen Eltern gewesen war. Prinz Ferdinand war seiner lebenslangen Überzeugung treu geblieben, Preußens Vorteil liege immer in einem Bündnis mit Frankreich, und glaubte, man brauche Napoleon nur einen solchen Vorschlag zu machen, um Preußen Frieden und Schutz gegen seine Feinde zu bringen. Der alte Herr hatte den Eroberer Berlins daher mit der größten Höflichkeit empfangen und ihm seine Gedanken dargelegt. Da er keinerlei Handlungsvollmacht besaß, fiel es Napoleon nicht schwer, ebenso liebenswürdig wie unverbindlich auf die Vorstellungen Prinz Ferdinands einzugehen, und man hatte sich beiderseits sehr zufrieden getrennt. Wenn dieser Besuch die französische Politik auch nicht beeinflußte, so besänftigte er doch ein wenig die haßerfüllte Stimmung, der der Kaiser seit Beginn des Krieges gegen Preußen freien Lauf ließ.

Die nächsten Wochen verbrachte Prinz August als Privatmann. Das Tragen von preußischen Uniformen in der Öffentlichkeit war verboten worden, jede verdächtige Handlung konnte das Leben kosten. Er besuchte Friederike Wichmann, die in ihrer Zurückgezogenheit von der Besatzung nicht zu leiden hatte, und sah mit Stolz und Freude das Gedeihen der kleinen Eveline. Er schrieb seiner Schwester, ohne ihr jedoch mehr als die allgemeinsten Angaben über sein und der Eltern Befinden machen zu können, da die Briefe die mißtrauischen Augen der Besatzungsbehörden zu passieren hatten. Luise Radziwill war mit ihrer Familie von Stettin aus dem Hof über Danzig nach Königsberg gefolgt, wo sie hofften, in Sicherheit zu sein.

4 Gefangener und Gast in Frankreich (1807–08)

Als sich die Wochen hinschleppten, gewöhnten sich die Berliner daran, den Feind in ihrer Mitte zu ertragen. Französische Offiziere waren bei preußischen Familien einquartiert, und soweit sie sich höflich betrugen, sah man sie nicht ungern. Haß und Verachtung bezeigten ihnen nur die dem Hof Nahestehenden; im Bürgertum gab es viele, die die Franzosen als Träger der Ideale der Revolution sogar begrüßten. Doch belastete die Tatsache der Niederlage die Gemüter allgemein.

In der Nacht vom 25. zum 26. Dezember 1806 wurde Prinz August mitten in der Nacht von einem französischen Kapitän geweckt, der ihm erklärte, er habe Auftrag, ihn unverzüglich nach Frankreich zu bringen. August verlangte, daß wenigstens seine Mutter unterrichtet werde, während er sich mit Hilfe seines verschlafenen Kammerdieners ankleidete. Niemand außer Prinzessin Ferdinand sagte ihrem Liebling Lebewohl. Zudem wurden dem Prinzen nur wenige Begleitpersonen gestattet, und diese sollten ihm erst einige Tage später folgen, nämlich Clausewitz, sein Sekretär Louis Uhde und Leo als Kammerdiener und Verbindungsmann. August verließ also sein Elternhaus ganz allein, stieg in den Wagen, und fort ging es durch die Winternacht, dem von Napoleon bestimmten Ziel entgegen, der lothringischen Stadt Nancy.

Am nächsten Morgen lief in Berlin die Nachricht von der Entführung des Prinzen von Mund zu Mund. Wahrscheinlich kam Napoleons Vorwurf, August habe tätig mitgeholfen, den herumirrenden preußischen Soldaten den Anschluß an die Armee des Königs in Ostpreußen zu ermöglichen und sie den neu aufgestellten französischen Legionen zu entziehen, der Wahrheit sehr nahe, und sollte unterbunden werden. Nachdem die französischen Begleitoffiziere ihren Gefangenen sicher aus Berlin herausgebracht hatten, ließ ihre Eile nach, und die Reise ging in gemächlicherem Tempo weiter. Als man sich am übernächsten Tage Weimar näherte, äußerte August die Absicht, dort Halt zu machen, da er hier einen Auftrag seines Vaters auszuführen habe. Unter den Opfern der unglücklichen Schlacht bei Auerstädt hatte sich auch dessen Freund, Graf Schmettau, befunden. Seine 63 Jahre hatten ihn nicht daran gehindert, an der Spitze seiner Division den Feind anzugreifen. Von zwei Kugeln schwer getroffen, war der alte General inmitten der allgemeinen Auflösung nach Weimar und dort in das Haus der Frau von Stein gebracht, aber schon am nächsten Tag von den plündernden Franzosen überfallen worden. Frau von Stein verwandte sich für ihren todkranken Gast bei dem kommandierenden französischen General Marchand, der ihm jedoch keinen dauernden Schutz gewähren konnte. So schleppte sich Schmettau, mehr getragen als geführt von Frau v. Steins Diener, ins Weimarer Schloß, wo er am 18. 10. starb. Schon am selben Tag begrub man ihn unter den Augen der Sieger auf dem alten Jakobsfriedhof.

Nun sollte wenigstens ein Gedenkstein das Grab schmükken, als geringes Zeichen des Dankes, den Schmettau sich zu Lebzeiten so reichlich verdient und so selten erhalten hatte. Die Bestellung dieses Grabmals führte August zu dem zuständigen Minister, zu Goethe. Dieser Besuch hätte zu keinem ungünstigeren Zeitpunkt erfolgen können. An eben diesem 27. Dezember wurde der Beitritt des Herzogtums Weimar zum Rheinbund proklamiert, das kleine Land suchte bei den Feinden den Schutz, den Preußen ihm offenbar nicht mehr bieten konnte. Beide, Gast und Gastgeber, beeilten sich, durch äußerste Zuvorkommenheit das Zusammentreffen unter so peinlichen Umständen abzukürzen. Wenige Augenblicke genügten, um von Goethe die Zusage zu erlangen, für das Monument zu sorgen. Er schrieb an

Herzog Karl August, er habe „die Anstalten gemacht, daß es ehrenvoll und geschmackvoll" geschehe, und entwarf auch selbst die Inschrift.

Der Prinz reiste noch am gleichen Tag weiter und erreichte Nancy am 18. Januar 1807. Kurz nach ihm traf auch Clausewitz dort ein, und für die Dauer ihrer Gefangenschaft waren nun zwei Männer aufeinander angewiesen, die so verschieden waren wie ihre Empfindungen füreinander. Der Prinz, in seiner hohen Stellung nicht gewöhnt, sich durch seine Untergebenen genieren zu lassen, bedauerte vielleicht, keinen anregenderen Begleiter zu haben als den meist in sich gekehrten Clausewitz, „der keiner warmen Teilnahme an anderen als politischen und historischen Gegenständen fähig" war und dem das weniger empfindsame, aber zuversichtlichere Wesen Augusts Unbehagen verursachte. Auch am Ziel ihrer Reise und während der ganzen Zeit ihrer Gefangenschaft litt Clausewitz zu sehr unter dem Unglück seines Vaterlandes, um sich wie der Prinz vorerst mit der ehrenvollen Gefangenschaft abzufinden und sich zu zerstreuen, so gut das in einer Provinzstadt möglich war. Beide Gefangenen durften sich frei bewegen. August mietete eine Wohnung und verwandte die ersten Tage darauf, einen ausführlichen Bericht über die Zeit zwischen dem Gefecht bei Saalfeld und seiner Gefangennahme bei Prenzlau, wie er sie erlebt hatte, zu verfassen. Er schrieb sich seine Empörung über die Niederlage von der Seele und suchte zugleich zu ergründen, wo die Ursachen dafür lagen. Vor allem mit Kalckreuth ging er scharf ins Gericht, dem er seinen Versuch, vor einem schwächeren Gegner zu kapitulieren, nicht verzeihen konnte und dem er Fehler über Fehler nachwies.

Die sachliche Darstellung der vergangenen Ereignisse lenkte seinen Blick auf die Gegenwart und die Zukunft. Zudem mangelte es nicht an Geselligkeit. Schon bald nach der Ankunft der beiden Gefangenen hatten sich die Spitzen der Gesellschaft von Nancy bei ihrem interessanten Gast eingefunden, teils aus Höflichkeit, teils aus Mitleid mit seinem Schicksal, überwiegend aber aus ganz gewöhnlicher Neugier. Ein echter Prinz, keiner von Napoleons Gnaden, der noch dazu jung und schön war – wie hätte man ihn nicht als Bereicherung von Bällen, Teenachmittagen und Wagenpartien freudig begrüßen sollen! Clausewitz, so wenig es seinen Neigungen entsprach, mußte dabei sein, wenn August, von den lothringischen Damen heiß umworben, unermüdlich tanzte, und konnte sich nur in den Briefen an seine heimliche Verlobte, Marie von Brühl, in Berlin über „die lästigen Eindrücke der Sozietät" und den „französischen Intrigengeist" aussprechen, denen er ausgesetzt war. Worüber er schweigen mußte, war die Verbindung zu den anderen 5000 preußischen Kriegsgefangenen in Nancy, über deren Schicksal der Prinz sich zu unterrichten suchte, um es womöglich etwas zu erleichtern. Er stellte ihnen sein Oberstleutnantgehalt zur Verfügung und trat in einem Schreiben an Napoleon für sie ein.

Gleichzeitig bestellte er sich aus Berlin Walzernoten, um diesen neuen Tanz auch in Nancy einzuführen, und außerdem bat er seine Eltern, ihm einen Ausflug nach Paris, natürlich inkognito und mit Erlaubnis der Franzosen, zu gestatten. Prinz Ferdinand hatte im Grunde nichts dagegen, warnte seinen Sohn jedoch vor allzuviel Vergnügungssucht, die ihm als Gefühllosigkeit gegenüber seinem Vaterland und seiner Familie ausgelegt werden würde.

Der Pariser Plan zerschlug sich zunächst, da die französischen Behörden August wegen seiner Beziehungen zu den preußischen Gefangenen einen anderen Aufenthaltsort verordneten. Unter drei ihm vorgeschlagenen Festungsstädten wählte er Soissons, wohin er und Clausewitz am 1. März 1807 übersiedelten. Auch dort näherten sich ihnen Adel und Bürgertum, wobei August jedes politische Gespräch vermied; dafür verblüffte er aufgrund seiner französisch geprägten Erziehung die ihn auch hier bewundernd umkreisende Gesellschaft mit seiner Kenntnis der französischen Literatur.

Endlich am 17. März brach August unter dem Namen „Müller" mit seinem Adjutanten nach Paris auf, wo sie unter den wachsamen Augen der Polizei vormittags Museen und andere

Sehenswürdigkeiten und abends Theater besuchten und natürlich so berühmte Salons wie den der Madame de Souza, Madame de Boufflers oder Madame Delphine de Custine. Letztere, eine ätherische Erscheinung mit einem zarten, von leuchtend blondem Haar umgebenen Gesicht, zog den Prinzen sofort in ihren Bann. Schließlich lernte er auch Madame de Staël kennen, die, selbst ein Opfer der napoleonischen Herrschaft, Paris nur hin und wieder heimlich mit ihrem Verbannungsort vertauschen durfte. Sie hatte sich bei ihrem Aufenthalt in Berlin im Jahr 1804 mit Louis Ferdinand in ihrer gemeinsamen Abneigung gegen den Korsen getroffen. Nun fühlte sie wohl eine gewisse Schicksalsgemeinschaft mit dem Bruder des toten Helden und lud ihn ein, sie nach Beendigung seiner Gefangenschaft in Coppet am Genfer See zu besuchen.

Prinz August genoß also die Tage in Paris in vollen Zügen, die Stadt gefiel ihm und die Menschen auch. Am besten gefiel ihm Delphine, die halb im Scherz, halb im Ernst auf seine Verliebtheit einging und sein ihr geschenktes Porträt wie eine Trophäe in ihrem Boudoir aufhängte.

Mitte Mai kehrten die Reisenden nach Soissons und zu ihren gewohnten Beschäftigungen zurück. August wurde dort sehnlichst erwartet, denn was der diskrete Clausewitz nirgends in seinen Briefen erwähnte, nicht mit dem kleinsten Hinweis: auch Friederike hielt sich seit Anfang des Jahres in der Nähe des Prinzen auf, und ihr zweites Kind, Friedrich August Eduard, kam eben hier in Soissons am 24. Mai 1807 zur Welt. Mutter und Kind erhielten in ihrem Quartier alle nur denkbare Pflege, was August jedoch nicht hinderte, den Briefwechsel mit der schönen Delphine fortzusetzen und mit dem Gedanken an einen weiteren Besuch bei ihr zu spielen. Doch war ein Teil des Tages auch wieder militärischen Studien gewidmet. Die beiden Gefangenen hatten erfahren, daß der König eine Kommission von sechs Generälen unter Scharnhorsts Vorsitz einsetzen wolle, um die notwendige Reorganisation der Armee in Angriff zu nehmen, sobald ein Friedensschluß mit Frankreich zustande gekommen sein würde. Dieser Kommission schon jetzt Mißstände aufzuzeigen und Änderungsvorschläge zu machen, lag für alle diejenigen Offiziere nahe, die zur Untätigkeit verurteilt waren. Prinz August schrieb seine Gedanken, die er mit Clausewitz eingehend besprach und so auch dessen Ideen mit aufnahm, in acht kleineren Kapiteln nieder. Sie beschäftigten sich kurz mit der „allgemeinen Leitung der militärischen Angelegenheiten eines Staates", dann aber mit Einzelheiten, wie Rekrutierung, Beförderung, Kleidung, Gepäck – hier schlug der Prinz die Verwendung des französischen Tornisters vor – und Fragen der Taktik. Am Schluß der Abhandlung ging er auf das Ehrgefühl des Soldaten und auf militärische Strafen ein, anders als der König, der in seiner eigenen Vorlage an die Kommission die Strafen an den Anfang gestellt hatte, jedenfalls hinsichtlich der Versäumnisse bei Jena und Auerstädt.

Am 13. Juni setzte August Namen und Datum unter seine „Vorschläge zur Verbesserung der preußischen Militärverfassung", worauf sie vorerst in seinem Gepäck verschwanden und dort auf eine Möglichkeit warteten, auf sicherem Wege nach Preußen zu gelangen.

Die Polizei hatte lediglich Gelegenheit, Tränen in seinen Augen festzustellen, als er im „Moniteur" lesen mußte, daß der Degen Friedrichs des Großen in den Invalidendom überführt worden war.

Clausewitz bemühte sich inzwischen, durch seine Verlobte bei General Scharnhorst vorfühlen zu lassen, ob man ihn nicht gegen einen französischen Gefangenen auswechseln könne. Er sah zwar ein, daß das einer Beleidigung des Prinzen gleichkäme, aber seine Ungeduld war hier größer als sein Taktgefühl.

Doch die Politik überholte die Bedenken der Militärs: Napoleon drang weiter nach Osten vor, besetzte Königsberg und zwang die königliche Familie mitten im Winter noch einmal vor ihm zu fliehen, bis nach Memel an die äußerste Grenze Preußens. Die bei Preußisch Eylau unentschieden gebliebene Schlacht hemmte im Februar vorübergehend die Bewegungen des französischen Heeres, in Memel atmete man auf. Die Hofgesellschaft wartete im übrigen auf die Ankunft Zar Alexanders I. Doch schon am 14. Juni waren alle Hoffnungen wieder vernichtet, die Russen wurden bei Friedland geschlagen, und Napoleon schloß am 9. Juli 1807 mit Preußen und Rußland den Frieden von Tilsit, den die Preußen als schimpflich empfanden, da er ihnen alles Land westlich der Elbe und einen Teil der ehemaligen polnischen Teile entriß, ihnen hohe Zahlungen auferlegte, die Festungen auslieferte und die Verwaltung lähmte.

Die beiden Gefangenen in Soissons kann der Gedanke, selbst durch den Friedensschluß frei zu sein, nicht getröstet haben. Trotzdem entfalteten beide eine unauffällige fieberhafte Tätigkeit, der Prinz beantragte die notwendigen Pässe, Clausewitz betrieb weiterhin bei Marie und dadurch – mit mehreren Zwischenstationen – bei Scharnhorst seine Ablösung von seiner Stellung und seine Übernahme zu wichtigerer Tätigkeit, zäh, doch mit aller Delikatesse: „... Man muß dem König Gründe an die Hand geben, warum er mich dem Prinzen nehmen soll, der, ungeachtet wir uns sehr schlecht füreinander schicken, doch Lust haben würde, es übel zu nehmen...".

Um das Warten abzukürzen, brach man fürs Erste einmal auf, noch nicht nach Preußen, sondern der Einladung Madame de Staëls folgend, zunächst nach Süden. Von Genf, das die Reisenden am 5. August erreichten, machten sie noch einen Ausflug nach Savoyen, bevor sie am 11. August in Coppet eintrafen. Clausewitz, der die Reise ohne die geringste Begeisterung mitmachte und seinen Franzosenhaß auch nicht durch liebliche Landschaft und behagliche Lebensweise verwischen lassen wollte, erwärmte sich ein wenig, als er unter den Gästen des Hauses August Wilhelm von Schlegel fand. Schlegel, nach Clausewitz's Meinung ein „wackerer gutmütiger patriotischer Deutscher, der so echt das deutsche Gepräge trägt", gefiel ihm, und er unterhielt sich mit ihm „über die Deutsche Poesie des 9. und 11. Jahrhunderts".

Auch Madame de Staël flößte Clausewitz Interesse ein, wenn es auch vor allem die deutschen Züge an ihr waren, die er lobend hervorhob. Bei der unablässig dahinströmenden Unterhaltung, deren Fäden nach jeder Unterbrechung mühelos wieder aufgenommen wurden, kam man „mit erlernten Floskeln über Kunst und Literatur nicht weit". „Davon sähe er ein lebendiges Beispiel", bemerkte Clausewitz, ohne Zweifel im Hinblick auf den Prinzen, dem man es nicht verziehen hätte, in diesem ungewohnten Kreis zu verstummen, wie Clausewitz es ungerügt tun durfte, wenn sich das Gespräch auf ihm allzu fremden Bahnen bewegte. Doch verfuhr Clausewitz hier zu hart mit August, denn dessen Gedanken und Gefühle, sein ganzes Sein waren von etwas anderem als der Literatur in Anspruch genommen.

Wahrscheinlich schon am Tage seiner Ankunft in Coppet hatte er zusammen mit den übrigen Gästen des Hauses die Frau kennengelernt, deren Name ihm geläufig war, von deren Anwesenheit er wußte und deren Anblick wie Feuer in sein empfängliches Herz schlagen mußte: Juliette Récamier. Zur Mittagszeit hatte Madame de Staël August in ihr dämmeriges Wohnzimmer geführt, und zugleich betrat Juliette von der anderen Seite den Raum. Nicht daß sie da war, überraschte den Prinzen, nicht ihre elegante Erscheinung, ihre außergewöhnliche Schönheit, sondern daß sie so ganz anders war, als in seiner Vorstellung. Eine Berühmtheit hatte ihm vorgeschwebt, selbstsicher ihren Erfolg zur Schau tragend. Und hier schritt eine entwaffnend junge Frau über den weichen Teppich lautlos auf ihn zu und errötete schüchtern, als er sich verbeugte.

Da es sehr heiß war, begab man sich nach dem Déjeuner nicht ins Freie, sondern in die kühle Galerie im Erdgeschoß, wo Juliette ein wenig zur Harfe sang, die sie auch selbst spielte. Ihre schöne Stimme, mehr noch die Grazie ihrer Bewegungen zogen den bereits ganz in sie versunkenen Prinzen vollends in ihren Bann. Gerade ihre wirkliche Einfachheit, die wie eine gewisse Stilisierung – Koketterie wäre ein zu grobes Wort – ihres Wesens erscheinen konnte, erhöhte noch ihren Reiz.

Während der folgenden Tage blieb auch Juliette von dem großen gutaussehenden Mann nicht unbeeindruckt. Man musizierte, man wandelte durch den Park, man plauderte, d. h. Madame de Staël plauderte, ihr beweglicher Geist bedurfte nur weniger Stichworte, um sich funkelnd zu entfalten. Clausewitz und Schlegel vertieften sich in ihre deutschen Träume, Juliette bildete den willkommenen Blickfang, und August gab sich – vielleicht zum einzigen Mal in seinem Leben – einer leidenschaftlichen Liebe hin, deren Gegenstand sich dem Gewicht seines Ranges entzog. Nur sein Innerstes wurde hier gefordert, Herz und Gemüt hatten um diese Frau zu werben, der ein preußischer Prinz nicht mehr bedeutete als ein französischer Marquis, ein berühmter Schriftsteller oder ein siegreicher Heerführer. Ihrer aller Bewunderung war sie gewöhnt, Liebe und Freundschaft vieler brauchte sie als Bollwerk gegen Häßlichkeit und Grausamkeit, gegen Gemeines und Niedriges.

Doch gelang es August, Juliette mit sich zu reißen, gerade weil er, sonst so selbstbewußt Frauen gegenüber, als demütig Bittender vor ihr stand, seine Ungeduld bezwingend und in seiner Unsicherheit rührend überzeugend. Er war bereit, auf jede Bedingung Juliettes einzugehen, und als die Pässe, auf die der Prinz und Clausewitz, den die schöne Dame gänzlich kalt ließ, schmerzlich gewartet hatten, am 7. 10. 1807 endlich eintrafen, stand Augusts Entschluß fest, Juliette Récamier zu heiraten. In der gesteigerten Stimmung der gemeinsamen Spätsommertage tauschten die beiden ein schriftliches Gelöbnis aus, in dem sie schworen, er „bei seiner Ehre und Liebe", sie „beim Heil ihrer Seele", alles zu ihrer Vereinigung zu tun und allen anderen Beziehungen zu entsagen. Dies mochte dem Prinzen leicht erscheinen, Delphine war vergessen, Friederikes Bild ausgelöscht. Für Juliette gab es ernstere Hindernisse in der Gestalt von Monsieur Récamier, dem 27 Jahre älteren Pariser Bankier, der die zahlreichen Anbeter seiner Frau zwar gelassen duldete, ihr aber doch auf seine Weise zugetan war. Während August mit dem schriftlichen Gelöbnis seiner Freundin Ende Oktober endlich nach Berlin zurückkehrte, hatte Juliette Zeit, ihr gegebenes Wort zu überdenken. Sie erbat und erlangte die grundsätzliche Einwilligung ihres Mannes zur Scheidung, fühlte sich aber durch seine Aufforderung, allein nach ihrem Gewissen zu entscheiden, in ihrer Ruhe mehr gestört als erleichtert. Durch Monsieur Récamier hatte sie eine Stellung in der Gesellschaft erlangt, verglichen mit der eine Ehe zur linken Hand mit einem Prinzen nicht viel Verlockendes haben konnte – selbst wenn dieser Prinz sie mehr als alle anderen liebte. Aber gerade seine Anbetung, sein Vorwärtsdrängen, weckten Zweifel in ihr, ob sie sich nicht damit begnügen sollte, ihn erobert zu haben, wie eine Festung, die man nach einer kurzen Zeit der Besetzung wieder verläßt. Die Liebe gefiel ihr, von der Ehe mit einem Mann wie August erwartete sie Anforderungen aller Art, die sie erschreckten. Ihre Überlegungen, die schärferes Licht in ihr Inneres warfen als zu anderen Zeiten, endeten in einer Nervenkrise und einem Verzweiflungsausbruch, indem sie zu einer beinah todbringenden Menge Morphiumpulver griff. Als sie sich wieder dem Leben zuwandte, gab sie August sein Wort zurück und hoffte, daß die Zeit aus ihm den Freund machen würde, den sich zu erhalten sie von Herzen wünschte. August ahnte nichts von den Empfindungen und Gedanken seiner fernen Geliebten, ihn bewegte nur eine kleine Furcht, sie könne durch zuviel Zerstreuung in der Erinnerung an ihn abgelenkt werden; eilends schickte er ihr noch im Dezember sein Porträt und beschwor sie, „sein Glück nicht zu verzögern".

Die Rückkehr nach Preußen Ende 1807, so sehr beide sie ersehnt hatten, war für die Heimgekehrten ernüchternd. Unterwegs, am 8. November, hatten sie das Schlachtfeld von Saalfeld besucht, und August ließ sich den Sarg Louis Ferdinands öffnen. Doch war sein Gesicht nicht mehr zu erkennen. Und dann der bedrückende Anblick der französischen Besatzung in Berlin, die trotz des Friedensschlusses noch verstärkt worden war.

Einer von Napoleons Marschällen, Victor, hatte das Haus der Radziwills als Residenz beschlagnahmt. August wurde vom ersten Augenblick an in Berlin scharf beobachtet.

Auch das Wiedersehen mit seinen Eltern brachte dem Prinzen keine frohen Eindrücke. Neben der immer gleich lebendigen Mutter wirkte Prinz Ferdinand müde und abwesend, der Tod seines Sohnes Louis und der Frieden von Tilsit lasteten auf ihm.

Dennoch begann August das neue Jahr voller Hoffnung, doch schon in seinen ersten Wochen mußte er mit Schmerz und Empörung erkennen, daß Juliette sich leise von ihm zu entfernen suchte. Mit leidenschaftlichen Worten klagte er sie ihres Sinneswandels an, ihres Spiels mit ihrem Schwur und seiner Liebe. Zugleich versicherte er, „bis ans Ende des Universums" gehen zu wollen, um sie wiederzusehen, und jedenfalls sogar nach Frankreich, so wenig günstig die politische Lage dafür war. Noch glaubte er, durch sanftes Zureden, durch eindringliches Bitten, durch bewegtes Klagen ihre bereits getroffene Entscheidung zu beeinflussen. Noch wollte er nicht wahrhaben, daß seine Gefühle kein volles Echo mehr erweckten.

Im April begab sich der Prinz mit Clausewitz für etwa einen Monat nach Königsberg, wo sich der königliche Hof seit Anfang 1808 wieder aufhielt. Damit entfernte er sich noch weiter von Juliette, wenn ihn auch das Eintreffen ihres Porträts, auf dem Gérard ihre Schönheit für immer festgehalten hat, ein wenig tröstete. „Mit brennenden Küssen und Freudentränen" bedeckte er diese hoffnungweckende Gabe, und wieder richteten sich seine Gedanken darauf, Juliette sobald als möglich wiederzusehen, vielleicht in Karlsbad oder Teplitz, da der König eine Reise nach Frankreich ausdrücklich verbot. Um nicht gänzlich am Reisen gehindert zu werden, hatte der Prinz es verstanden, seine Beförderung zum Generalinspekteur der Artillerie abzuwenden, selbst der sonst so pünktlich geleistete Dienst trat in den Hintergrund.

Gleich nach seiner Ankunft in Königsberg begab sich August zu seiner Schwester. Zum ersten Mal empfing sie ihn mit sichtlicher Freude und innerer Bewegung. Dieser Bruder war ihr als einziger geblieben, und seit zwei Jahren hatte sie kein Mitglied ihres Elternhauses gesehen. Was sie aber vollends rührte, war die Anteilnahme, die August ihr beim Tod ihrer neunjährigen Tochter Lulu bezeigte, und sie vergaß den lange gehegten Groll im Gefühl seiner brüderlichen Fürsorge.

August kehrte wieder nach Berlin zurück, doch nur für

wenige Wochen. Sein Tun und Lassen wurde nach wie vor von den französischen Behörden genau verfolgt, so daß der König ihm im Mai mahnend und fürsorglich zugleich schrieb, er möge wieder nach Königsberg kommen, „sobald es seine häuslichen Angelegenheiten erlauben". Diese Aufforderung bezwecke lediglich seine persönliche Sicherheit und ihr läge keine militärische Absicht zugrunde, fügte der König für die Neugier der Franzosen noch hinzu. Gerade letzteres aber war der Fall. Am 8. August 1808 folgte Friedrich Wilhelm III. endgültig dem Vorschlag Scharnhorsts und beförderte August zum Brigadegeneral und übertrug ihm die Generalinspektion der gesamten preußischen Artillerie.

5 Artilleriereformen (1809–12)

Scharnhorst hatte diese Beförderung Augusts mit guten Gründen betrieben. Die preußische Artillerie bedurfte wie die übrige Armee einer grundlegenden Reform, und ihre oft schlachtentscheidende Bedeutung mußte sinnfällig hervorgehoben werden. Ein Prinz des königlichen Hauses an ihrer Spitze brachte auch für ihre Offiziere und Soldaten einen Zuwachs an Ansehen.

Noch waren dem Prinzen die Einzelheiten seiner neuen Aufgabe fremd, doch kannte Scharnhorst ihn gut genug, um zu wissen, daß er mit seinem gewohnten Diensteifer und mit Umsicht an sie herangehen und sich, da er den Reformbestrebungen überhaupt und Scharnhorst persönlich zugetan war, dessen Lenkung in allen wichtigen Fragen vertrauen würde, was er ihm in einem Brief vom Juni 1809 bestätigte: „Übrigens habe ich dabei kein anderes Verdienst als mit Thätigkeit an der Ausführung Ihrer eigenen Ideen zu arbeiten." Da Scharnhorst selbst die ausgezeichnete artilleristische Ausbildung beim Grafen Lippe auf dem Wilhelmstein im Steinhuder Meer genossen hatte, lag ihm daran, mittels eines fähigen Exekutors seiner Ideen der schwerfälligen Maschinerie der militärischen Verwaltung den richtigen Schwung zu geben. Denn General-Inspekteur sein hieß der Verwaltung vorstehen, es hieß, jedes Regiment und jede Festung, jede Kanone und jeden Pulverkasten, jedes Handpferd und jede Halsbinde im Auge zu haben, für ihre richtige Verteilung zu sorgen, ihre Wirksamkeit zur äußersten Vollkommenheit zu steigern. Es hieß, das Verdienst jedes Offiziers und jedes Kanoniers zu kennen und diese Kenntnisse jeden fühlen zu lassen, jede Nachlässigkeit zu tadeln und immerfort den Strom der Anordnungen und Vorschläge vom König zu seiner Artillerie und von dieser zum König zu leiten, in das militärische Räderwerk nur soweit einzugreifen wie nötig und doch soviel zu bewirken wie möglich.

Die Niederlage von 1806 hatte auch die Artillerie in zerrissenem Zustand zurückgelassen. Fast keine der 58 Batterien, in denen 395 Offiziere und 12 607 Mann gedient hatten, besaß noch ihre alte Stärke. Nur das ostpreußische Artillerie-Regiment, dessen Chef August nun wurde, war ziemlich unbeschädigt aus den Kämpfen hervorgegangen.

Da Preußen in der Pariser Konvention nicht mehr als 40 000 Soldaten, darunter ein Korps Artilleristen von höchstens 6000 Mann, zugestanden worden war, mußten die vorhandenen Splitter der alten Regimenter neu gegliedert werden.

Die „Immediat-Militär-Reorganisations-Kommission" – ein Name, so schwergewichtig wie die ihr gestellten Aufgaben – bestimmte, daß das Artillerie-Corps in drei Brigaden aufgeteilt werden sollte, um je zwei Truppen-Brigaden eine Artillerie-Brigade zuzuordnen. Die Festungsartillerie mit ihren schweren Geschützen, die bisher eine Sonderstellung gehabt und, wie Prinz August fand, im Feldzug von 1806 kläglich versagt hatte, wurde in die drei neuen Brigaden mit aufgenommen. Jede dieser Brigaden umfaßte fünfzehn Kompanien oder Batterien, von denen je drei beritten waren, wie es der große König 50 Jahre zuvor erstmals eingeführt hatte. Um die größten Lücken zu schließen, mußten Kavalleristen und Infanteristen aus aufgelösten Regimentern zur Geschützbedienung herangezogen werden, ohne darin ausgebildet worden zu sein. Mit Hilfe seines Vorgängers Johann Friedrich von Neander und Scharnhorsts stellte August eine neue Offiziersliste auf, in der er wo irgend möglich Befähigung höher bewertete als Dienstalter, und sandte sie dem König, der die vorgeschlagenen Besetzungen auch mit einer Ausnahme genehmigte.

Dies war der während eines knappen Jahres – zwischen November 1808 und Oktober 1809 – geschaffene Rahmen, in dem sich Prinz August den übrigen drängenden Aufgaben zuwandte: der Ausbildung von Offizieren, Unteroffizieren und Kanonieren und dem großen Gebiet der technischen Verbesserungen, ohne die auch den Klügsten kein Erfolg beschieden sein würde.

Scharnhorst drang unablässig auf die wissenschaftliche Bildung der Offiziere, die er durch die neu errichtete Militär-Akademie für Offiziere aller Waffengattungen zu verbessern hoffte. Mathematik, Physik und Chemie, Sprachen und Geographie und natürlich Taktik und Strategie gingen mit den neu angeordneten Feldübungen Hand in Hand. Den besonderen Bedürfnissen der Artillerie wurde dadurch Rechnung getragen, daß man die Premier-Leutnants zusätzlich zu ihrer Offiziersprüfung ein zweites Examen vor der Beförderung zum Kapitän ablegen ließ. Nur die tadellose Führung einer Batterie vor dem Feind trug einen jungen Artillerie-Offizier ohne solchen Aufschub über diese Schwelle hinweg in die höhere Rangklasse. So konnte August den König um die Beförderung von Clausewitz zum Premier-Kapitän bitten, indem er auf seine guten Leistungen bei Auerstädt hinwies, und dadurch seinem Adjutanten auch die langersehnte Heirat ermöglichen. Doch nicht nur auf die Offiziere richtete sich der Blick des General-Inspekteurs. Als er im Herbst 1809 selbst das Kommando über die bei Frankfurt an der Oder zu Übungen zusammengezogenen Truppen führte, waren die Soldaten erstmals nicht nur in den richtigen Handgriffen – Scharnhorst hatte sich deutlich gegen die „schädlichen Spielereien" allzu pedantischen Exerzierens ausgesprochen –, sondern auch im Schießen geübt, jährliche Schießübungen überhaupt gerade erst angeordnet worden. Sehr jung waren die Offiziere und Soldaten, die ihre Geschütze vor- und seitwärts schwenken ließen, sie in Stellung brachten oder wieder bespannten, um erneut der Bewegung des Feindes zu folgen. Doch war es tröstlich zu wissen, daß für den kommenden Kampf mehr Kräfte bereit standen als die, die sich hier mit dem störrischen Gerät abmühten und mit einem Regiment Garde, mit westpreußischen

Grenadieren und neumärkischen Dragonern das Zusammenspiel erprobten. Napoleon hatte der preußischen Armee nicht mehr als 40 000 Mann zugestanden; um die Zahl möglichst zu erhöhen, folgten die Berater des Königs dem ebenso einfachen wie genialen Gedanken Scharnhorsts: jeder Mann, der ausgebildet worden war, kehrte nach Hause zurück, und ein anderer trat an seine Stelle, bis auch er nach vier Wochen wieder einem weiteren Platz machte. So wuchs das heimliche Heer täglich, ohne den stets argwöhnischen französischen Augen etwas anderes zu bieten als eine kümmerliche kleine, schlecht ausgerüstete Armee, nicht viel mehr als die „Potsdamer Wachtparade" von vor 50 Jahren. Äußerlich hatte sie sich verändert: Die neuen Uniformen glichen den russischen bis zu deren Kopfbedeckung, dem Tschako. Und erstmals erhielt jeder Soldat einen warmen Mantel; die bisher gebräuchlichen Zelte wurden als zu schwerfällig abgeschafft – der König meinte, eine Nacht im Freien werde einem Patrioten nicht schaden.

Aber mit guten Einfällen war noch nicht alles getan. Die Erfolge von Napoleons Armee beruhten nicht nur auf seiner überlegenen Führung, auch ihre bessere Ausrüstung hatte Teil daran. Prinz August war vorurteilslos genug, vom Gegner zu lernen, und folgte dem französischen Beispiel zunächst darin, daß er Artillerie-Handwerks-Kompanien aufstellen ließ, die die Batterien von zivilen Schmieden oder Stellmachern unabhängig machten, ihre Geschütze selbst herstellen oder instandsetzen sollten. Vom preußischen Gesandten in Paris ließ sich der Prinz darüber Bericht erstatten, wie die französischen Munitionswagen beschaffen waren. Es erwies sich, daß sie sich nicht mit hölzernen, sondern mit eisernen Achsen bewegten. Dieses haltbarere Material wurde sofort auch für die preußischen Wagen, die bisher nicht einmal bei einer Batterie die gleichen Räder und Achsen gehabt hatten, angeordnet.

Auch die Kanonen sollten nun vorwiegend aus Eisen sein und vor allen Dingen im Lande selbst hergestellt werden. Insbesondere Gleiwitz war der Ort, wo bis 1809 60 neue eiserne Kanonen gegossen und 40 bronzene geformt wurden. Man experimentierte hierbei eifrig, goß nach englischer und russischer Methode, bis die Ergebnisse, die August jeweils allen Offizieren mitzuteilen befahl, zufriedenstellend ausfielen. 1811 verfügte die Artillerie dann immerhin über insgesamt 233 Geschütze. Die dafür notwendige Munition befand sich meist auf den sogenannten Protzen, zweirädrigen Wagen, die den Kanonen vorgehängt wurden, oder auch auf Munitionswagen, d. h. Leiter- oder Kastenwagen. Ihre gefährliche Fracht – auf ihren Achsen fuhr immerhin die Bedienungsmannschaft mit – mußte sicher verpackt, aber auch leicht zu handhaben sein. Geschosse desselben Kalibers – sechs- oder siebenpfündige Kugeln, Kartätschen oder Granaten staken beieinander, dazu kam das Pulver, dessen Fabrikation wiederum von der Einfuhr von genügend Salpeter abhing. Damit die Munitionswagen ihren Geschützen schnell genug folgen konnten, mußten sie größtenteils sechsspännig fahren, weshalb jedes Jahr Tausende von Pferden gebraucht wurden. Die an die Artillerie abgegebenen ausgedienten Kavalleriepferde reichten allein nie aus. Um Pferde zu sparen, verfügte der König zur Entrüstung der Reformgegner bei der Infanterie die Abschaffung der Offizierspferde, und Pferdepflege wurde Unterrichtsgegenstand in den Brigadeschulen.

Allen Neuerungen und Verbesserungen kam des Generalinspekteurs Sinn für die Details zugute, er wurde nie müde, Vorschläge zu prüfen, Meinungen darüber einzuholen und Versuche anzuordnen, wenn ihm auch die neu geschaffene „Kommission zur Prüfung militärisch-wissenschaftlicher und technischer Gegenstände" einen Teil der Arbeit abnahm. Die Besichtigung der gesamten Artillerie in Schlesien, Ostpreußen und Pommern im Frühjahr 1811 fiel dann zur Zufriedenheit des Prinzen und auch des Königs aus.

Die Reform der Artillerie und des übrigen Heeres erfolgte im Zusammenhang mit einer grundlegenden Erneuerung des ganzen Staates. Der Frieden von Tilsit hatte den Auftakt zu einer Art Contretanz der beiden Männer gebildet, die die Hauptarbeit leisten sollten: Karl Freiherr vom Stein und Karl August Graf von Hardenberg. Bald war der eine, bald der andere Gegenstand

von Napoleons Mißtrauen und mußte sein Ministeramt nieder-
legen, aber beide wirkten für das neue Preußen, gleichgültig ob
sie sich gerade in der Umgebung des Königs und in Amt und
Würden oder fern von ihm befanden.

Im September 1807 begann Stein von Memel aus die Verwaltung neu zu ordnen, dann, zunächst in Ost- und Westpreußen,
die Erbuntertänigkeit der Bauern abzuschaffen, und setzte gegen das Unverständnis und den Widerstand des Adels und sogar
der Bauern selbst den freien Gebrauch des Grundeigentums
durch seine Besitzer durch. Die Mitwirkung des Königs an allen
Neuerungen war mitunter schwer zu erlangen, doch hatte der
geduldig-diplomatische Hardenberg großes Geschick darin,
ihm doch noch abzuringen, was ihm zunächst nicht gefiel; die
Form der Kabinettsregierung bestand ja schon seit April 1807
nicht mehr.

In der kurzen Zeit, die Stein beschieden war, arbeitete er
unermüdlich an seinen verschiedenen Verbesserungen. Im Dezember 1808 traten an die Stelle des Generaldirektoriums fünf
Fachminister mit der gemeinsamen Generalstaatskasse. Die
Selbstverwaltung der Städte und die Errichtung der Kreistage
bildeten Höhepunkte des Reformwerkes, zu dem letztlich auch
die Einführung der allgemeinen Wehrpflicht gehörte. Im neuen
Heer erhielt jeder die Möglichkeit, durch Ausbildung und Be-
währung zum Offizier aufzusteigen, ohne Rücksicht auf hohe
oder niedere Geburt.

Die tiefen Eingriffe in das Staatsgefüge gingen abseits vom
lauten Getöse der napoleonischen Bühne vor sich, von Königsberg aus, wo die Königin den Mittelpunkt bildete, bei der man
sich zum Gedankenaustausch zusammenfand.

Prinz August hielt daneben an dem Plan fest, Juliette wiederzusehen, obwohl an eine Reise zu ihr weniger denn je zu
denken war. Wieder schlug er ihr ein Treffen vor, diesmal in
Dresden oder Weimar oder Gotha. Ihre Antwort, eine unbestimmte wie meist, erhielt er in St. Petersburg, wohin er Ende

des Jahres 1808 zusammen mit Prinz Wilhelm, Scharnhorst und dem General von Holtzendorff König Friedrich Wilhelm III. und Königin Luise begleitet hatte. Diese Reise zu ihrem Freund und Beschützer, dem Zaren, sollte ein wenig Licht und Hoffnung in die düstere preußische Gegenwart bringen, und Alexander I. und seine Familie taten alles, um die Gäste die quälende Erniedrigung durch Napoleon wenigstens vorübergehend vergessen zu lassen. „Wenn ich Sie weniger liebte", schrieb August an Juliette, „hätte ich hier vielleicht alles finden können, was das Glück dessen ausmachen würde, der Sie überhaupt nicht kennt." Nicht vor April könne er sie wiedersehen, fügte er hinzu, und: „Möge das kommende Jahr uns für immer vereinigen."

Während der Abwesenheit des Hofes war es Clausewitz endlich gelungen, die ersehnte Versetzung in den Generalstab, in Scharnhorsts „Büro", zu erhalten, und am 1. 3. 1809 verließ er den Prinzen, dem er sich stets ein wenig überlegen gefühlt hatte, dessen faires Verhalten ihm gegenüber er jedoch nicht verkannte. Keiner der beiden berührte in der offiziellen Abschiedsaudienz Einzelheiten ihrer Trennung. Der Prinz begnügte sich damit, Clausewitz anderen gegenüber sehr zu rühmen, und dieser trug seine Erleichterung nur im Kreis auserwählter Freunde zur Schau.

Ängstlich hatte man in Preußen die weiteren Erfolge Napoleons beobachtet. Nach seinen spanischen Siegen hatte er seinen Bruder Louis zum König von Spanien krönen lassen. Englische Versuche, den französischen Kaiser an seinem Vorgehen zu hindern, scheiterten, nichts schien seine Macht erschüttern zu können.

Doch raffte sich Österreich endlich zum Kampf auf, und da dem Erzherzog Karl das Unglaubliche gelang, Napoleon in der Schlacht bei Aspern am 21. Mai 1809 zu schlagen, regte sich auch in Preußen der Widerstand. Zwar hatte sich König Friedrich Wilhelm III. weitgehend in Resignation geflüchtet, aber Prinz August, schon seit März wieder in Berlin, befand sich dort mitten unter den Anhängern der Kriegspartei, die ihn um so lieber als Parteigänger begrüßte, als er es sich als naher Verwandter des Königs noch am ehesten erlauben konnte, Einfluß auf ihn zu nehmen. Der heldenhafte, wenn auch sinnlose Tod des Majors von Schill in Stralsund, der der Beginn eines allgemeinen Aufstandes sein sollte, veranlaßte fünf Generäle und vier hohe Verwaltungsbeamte, ein gemeinsames Mémoire zu verfassen, das den König aus seiner Untätigkeit aufrütteln sollte. Unglücklicherweise erfuhr Friedrich Wilhelm III. davon zu früh, und aufgebracht wie seinerzeit über das Papier, das der tote Louis Ferdinand mitverfaßt hatte, befahl er dem ranghöchsten Teilnehmer dieser neuen „Verschwörung", dem Prinzen August, ihn sofort und vollständig ins Bild zu setzen. Der Prinz übersandte dem König daraufhin das Schriftstück, das bei aller Untertänigkeit in schmerzhafter Ungeschminktheit die Absichten Napoleons schilderte und den König mahnte, daß von niemandem Hilfe zu erwarten sei – auch nicht von Rußland – und daß Preußen sein Heil im sofortigen Kampfe suchen müsse. Der Hinweis, daß die unnötig auf die Probe gestellte Vaterlandsliebe in Anarchie umschlagen könne und vielleicht sogar der Abfall des treuen Schlesien bevorstehe, mußte auf den König wie eine Drohung wirken, die sicherlich durch den beschwichtigenden Begleitbrief Augusts vom 24. 6. 1809 nur wenig gemildert wurde. Der Prinz zählte dem König die im Mémoire nicht genannten Verfasser auf und gab zu bedenken, „dies schiene ihm schon der beste Beweis von den reinen Absichten dieser Staatsbeamten zu sein, weil sie gewiß von meiner ehrfurchtsvollen Ergebenheit für Eure Majestät und meinen patriotischen Gesinnungen zu überzeugt waren, als daß sie es gewagt hätten, in meiner Gegenwart irgend etwas zu thun oder zu sagen, welches gegen dieselben wäre".

Der König hatte die traurige Genugtuung, daß die Österreicher kurz darauf am 5./6. Juli bei Wagram wieder von Napoleon geschlagen und zum Waffenstillstand gezwungen wurden und Preußen wenigstens keine neuen Nachteile zu erleiden hatte. So ließ er es bei einigen scharfen Rügen den Voreiligen gegenüber bewenden, und eine mündliche Aussprache brachte August die Verzeihung des mißtrauischen Monarchen.

In dieser Zeit kam sein Briefwechsel mit Juliette vorläufig zum Erliegen. Mit der Absage ihres für 1809 in Aussicht gestellten Besuches in Berlin – sie begründete dies mit seinem Verhalten ihr gegenüber –, hatte sie die Geduld ihres Liebhabers erschöpft. Förmlich, aber deutlich gekränkt, bat er sie am 13. Juli, ihm nicht mehr zu schreiben. Gleichzeitig beklagte er sich bei Madame de Staël über ihre Freundin, deren Spiel mit seinen Gefühlen er für den „Gipfel der Perfidie" erklärte, und sandte ihr zu seiner Rechtfertigung die Kopie der in Coppet ausgetauschten Schwüre.

Damit ging die Liebesgeschichte zwischen August und Juliette in die Geschichte ihrer Freundschaft über. Der Ring, den sie ihm im Oktober 1808 geschickt hatte und der die Inschrift „Je le reverrai" trug, begleitete ihn bis an sein Lebensende.

Berlin hatte die französische Besatzung auch noch nach Abschluß des Tilsiter Friedens ertragen müssen, sie sollte der Forderung Napoleons nach der pünktlichen Zahlung der Reparationssumme Nachdruck verleihen. Prinz Ferdinand erhielt zwar am 5. Dezember 1807 die Schlüssel der Stadt aus den Händen des französischen Kommandeurs, aber es blieb bei dieser Geste. Erst ein Jahr darauf verließen die Franzosen die Stadt, und die Flüchtlinge kehrten nach und nach zurück. Mitten im Winter, auf nahezu unwegsamen Straßen, reiste auch Luise Radziwill mit ihrer Familie langsam der Heimat entgegen. Am 22. Dezember 1809 kam sie in Berlin an, am Tag danach wurden bereits um elf Uhr morgens die Brücken gesperrt, vom Bernauer Tor bis zum Schloß zog die Bürgergarde auf, trappelten die Pferde der vor dem Zeughaus aufmarschierenden Garderegimenter und strömten Diplomaten und hohe Beamte auf die Tribünen am Tor, denn man erwartete die Erlauchtesten aller Flüchtlinge, den König und die Königin, zurück.

Prinz August befehligte die vier Batterien, die vor den girlandengeschmückten Schlagbäumen des Tores dazu bestimmt waren, beim Erscheinen des Königspaares 101 Schüsse abzugeben, und der grollende Ton des Saluts verkündete dem wartenden Magistrat, den Garden und Deputationen der Handwerker, daß die Erwarteten sich pünktlich dem Tor näherten, der König hoch zu Pferd, Königin Luise in einer neuen eleganten Kutsche, die ihr die Stadt zu diesem Anlaß geschenkt hatte. Inmitten seiner Truppen nahm Friedrich Wilhelm III. die Begrüßung der Stadtväter entgegen und zog dann mit dem ganzen Gefolge und allen Abordnungen weiter dem Schloß zu, die Metzger traditionsgemäß voran. Alle Glocken läuteten, und als die Königin am Portal ausstieg, konnte niemandem in ihrer Umgebung verborgen bleiben, daß die vergangenen schweren Jahre ihre Spuren in ihrem einst so strahlenden Gesicht zurückgelassen hatten. Nach der Parade der Garden und Garde du Corps versammelte sich die königliche Familie, der gesamte Hof, die Generäle und Minister in Bellevue zum festlichen Diner beim Prinzen Ferdinand. Einer fehlte – den Freiherrn vom Stein hatte der König auf Napoleons Befehl entlassen müssen, und der ihm folgen und seine Arbeit fortsetzen sollte, Graf Hardenberg, war noch nicht da.

Am Abend fuhr das Königspaar durch die illuminierten Straßen zum Schloß zurück. August hatte dafür Sorge getragen, daß besonders das Zeughaus von Licht strahlte, und er stand auch an der Spitze der Offiziere, die unter den Fenstern des Königs ein dreimaliges lautes „Vivat" durch die klare Dezemberluft erschallen ließen. Eine Serenade der Feldmusiken folgte melodisch nach. Am 24. Dezember fanden Dankgottesdienste in allen Kirchen statt, und hoffnungsvoll blickte man dem neuen Jahr entgegen.

Doch innerhalb weniger Monate, im Sommer 1810, hielt Königin Luise wieder feierlichen Einzug in Berlin, dieses Mal als Tote. Auf einer kurzen Reise zu ihrem Vater nach Hohenzieritz war sie erkrankt und einige Tage darauf in den Armen ihres Mannes und ihrer beiden ältesten Söhne an einer Lungenentzündung gestorben, leidenschaftlich betrauert von unzähligen Menschen, denen sie ein Symbol der Hoffnung und der Geduld gewesen war. Ihre letzte Genugtuung war, daß ihr Gemahl Hardenberg wieder zurückgerufen hatte und dem König nun ein kluger und geschickter Ratgeber zur Seite stand. Nicht im Dom ließ Friedrich Wilhelm III. seine Frau beisetzen, sondern im Park ihres Lieblingsschlosses Charlottenburg, in einem eigens für sie erbauten kleinen Mausoleum.

Und noch ein Toter fand nach langen Jahren seine letzte Ruhestätte. Am 20. März 1811 wurde auf Wunsch seines Vaters der Sarg Prinz Louis Ferdinands in aller Stille nach Bellevue gebracht und in der folgenden Nacht kurz vor Mitternacht in der Domgruft bestattet. Nur die französische Inschrift des Sarges verkündete, daß Louis Ferdinand endgültig nach Berlin zurückgekehrt war, alle seinem Range angemessenen Zeremonien unterblieben, um politische Kundgebungen zu vermeiden.

In diesem Frühjahr hatte August gerade eine späte und darum besonders heftige Erkrankung an Masern überwunden, die ihn vier Wochen an sein Zimmer gefesselt hatte. Seine Ärzte hielten daher eine stärkende Badekur für ratsam, so daß der Prinz im August unter dem Inkognito eines Grafen von Rheinsberg nach Böhmen reiste, wo er den Brunnen von Franzensbad trank und weitere Reisepläne überdachte. Der Briefwechsel mit Juliette Récamier war wieder aufgelebt. Zwar hatte ihr August versichert, wie glücklich er im Kreise seiner kleinen Familie sei und daß er seine Kinder zu sehr liebe, um sich von ihrer Mutter zu trennen, doch konnte er der Versuchung, seine angebetete Freundin wiederzusehen, nicht widerstehen, und schlug ihr in respektvoll-zärtlichem Ton vor, ihn in Eger zu besuchen. Als sie ihn ihrerseits nach Coppet einlud, einigten sie sich auf Schaffhausen. Prinz August wohnte Anfang September als Gast den Übungen der österreichischen Truppen unter Feldmarschall Graf Kolowrat in Böhmen bei, dann reiste er Mitte des Monats in die Schweiz, wo er vom 19. 9. an seine Freundin mit großer Ungeduld am vereinbarten Ort erwartete. Aber sie kam nicht, wieder enttäuschte sie ihn. Augusts Ungeduld wandelte sich zunächst in Sorge, dann in Kummer, schließlich in wütende Empörung. Am 21. 9. schrieb er ihr, „daß sie auch dieses Versprechen so treu gehalten habe wie alle anderen", daß er „ihr sehr verbunden sei, für die 300 Meilen, die sie ihn für nichts habe zurücklegen lassen" und daß er hoffe, „sie niemals wiederzusehen".

Seinen nächsten Aufenthalt nahm er in Bern, wo er A. W. Schlegel traf, der ihm berichtete, daß Napoleon Juliette wegen ihrer engen Verbindung zu Madame de Staël und anderen seiner Gegner aus Paris und seiner Umgebung verbannt habe und daß sie sich nach einigen Tagen in Coppet nun in Chalons-sur-Marne, ihrem selbstgewählten Exilort, aufhalte. Diese Behandlung seiner Freundin besänftigte August sofort, er sandte seinem Brief einen weiteren nach, in dem er von Herzen bedauerte, daß er Juliette in ihrem traurigen Schicksal nicht tröstend zur Seite stehen könne, und nur noch einmal leise grollend beklagte, daß sie ihm nicht rechtzeitig geschrieben und die weite Fahrt erspart habe. Nun setzte er seine Reise ruhigeren Gemütes fort, wagte jedoch nicht, Madame de Staël zu besuchen, da er wohl für sie wie für sich Ungelegenheiten seitens der französischen Öffentlichkeit befürchtete. Im Oktober kehrte Prinz August nach Berlin zurück, unzufrieden mit der trotz allem Geliebten. Er konnte ihr keine Vorwürfe machen, ohne kränkende Zweifel an ihrem Charakter zu äußern, die sie nur noch ungünstiger gestimmt hätten. Aber daß sie ihn nicht liebte und folglich für ihn nicht zu solchen Opfern bereit war, wie er für sie, war nicht zu verkennen.

In den ersten Märztagen des Jahres 1812 hörte die preußische Regierung von französischen Truppenbewegungen auf preußischem Boden, und bevor man sich von der Schreckensnachricht erholen konnte, forderte Napoleon den König auf, gegen Erlaß von 12 Millionen Franken Kriegskontribution seinem Heer den Marsch durch preußisches Gebiet nach Osten zu gestatten. Ablehnung kam nicht in Frage, zumal sich schon ein französisches Armeekorps Berlin näherte. Der Feldzug des Kaisers galt jedoch dieses Mal nicht Preußen, sondern Rußland, das sich trotz seiner Verträge mit Frankreich im Bunde mit England gegen die Kontinentalsperre wehrte und dadurch den Zorn des Korsen erregt hatte. Durch die Niederwerfung Rußlands gedachte er endlich auch England zur Botmäßigkeit zu zwingen.

Stattlich war das Heer, das sich durch Deutschland nach Osten wälzte, über 500 000 Soldaten aus allen unterworfenen Ländern, und, wenn auch zum geringeren Teile, aus Frankreich selbst. Aufgrund des leidigen Vertrages sah sich Preußen veranlaßt, der Grande Armee seinerseits 20 000 Soldaten zuzuführen.

Viele hohe Offiziere verlangten ihre Entlassung, um nicht in die französische Armee eingereiht zu werden. Gneisenau verließ die Stadt, Clausewitz ebenfalls, während Blücher meinte, man dürfe den König nicht im Stich lassen, und blieb. Bitter empfanden die Berliner, daß die Stadt wiederum französisches Militär, das Korps Marschall Oudinots, aufnehmen mußte.

Prinz Ferdinand, unerschütterlich in seiner Franzosenliebe, veranstaltete für die ranghöchsten französischen Offiziere festliche Diners, zu denen auch Luise Radziwill ganz gegen ihren Willen erscheinen mußte. Auch der Sohn des Hauses, dessen Abreise zu einer Besichtigung der schlesischen Festungen sich verzögert hatte, durfte dabei nicht fehlen und mußte sich sogar Zurücksetzungen gegenüber Oudinot gefallen lassen. In schweigender Empörung darüber trafen sich die Blicke der Geschwister; sie wußten sich einig gegen ihre in anderen Anschauungen groß gewordenen Eltern.

Napoleon äußerte den Wunsch, einer der preußischen Prinzen möge sich den abkommandierten Truppen anschließen, und König Friedrich Wilhelm III. ließ August wissen, daß der Kaiser dabei an ihn gedacht habe. August erwiderte, er würde dies nur auf ausdrücklichen Befehl des Königs tun, und reiste am 12. April schleunigst nach Breslau ab, um allen weiteren französischen Anträgen aus dem Wege zu gehen. Eine Abteilung seiner frisch ausgerüsteten Artillerie – sechzig Geschütze, 156 Fahrzeuge, 1778 Mann und 1790 Pferde unter dem Befehl von Major von Schmidt – mußte er allein in ihre Bewährungsprobe schikken. Er konnte nichts weiter für sie tun, als den Offizieren der beängstigend jungen Mannschaften aufzutragen, alle bemerkenswerten Erfahrungen niederzuschreiben – für den größeren

Kampf, der noch folgen mußte. In Breslau führte Prinz August die Brigadegeschäfte, und die Verbindung zu Scharnhorst, der die Entwicklung der Artillerie nie aus den Augen gelassen hatte, wurde wieder enger, da Scharnhorst gerade die Geschützfabriken in Schlesien besichtigte und Verbesserungsvorschläge prüfte.

Am 24. Juni 1812 überschritt Napoleon mit seinem Heer die Grenze des russischen Reiches. Am 14. September erreichte er Moskau, eine leere Stadt, die ihm die Russen über dem Kopf anzündeten. Der tagelang lodernde Brand und der Mangel an Lebensmitteln zwang das französische Heer trotz des hereinbrechenden Winters zum Rückzug durch das endlose Land, das sich zudem mehr und mehr mit Verfolgern belebte, die die frierenden und hungernden Truppen unaufhörlich vorwärts hetzten und den meisten, die den Fluß Beresina noch erreichten, ein schauerliches Ende zwischen seinen treibenden Eisschollen bereiteten.

Der Kaiser selbst hatte sich dem Elend seines Heeres entzogen und war so schnell wie möglich nach Paris zurückgekehrt, um sich dem drohenden Verfall seines Reiches entgegenzustellen.

6 General im Befreiungskrieg (1813)

Die Kunde von Napoleons Niederlage verbreitete sich schnell. Dies bedeutete eine Wende, Zuversicht und Hoffnung belebten die Gemüter, zumal noch weitere fast unglaubliche Nachrichten die Stadt erreichten. Der Befehlshaber des preußischen Kontingentes, General Graf Yorck von Wartenburg, hatte sich erlaubt, die preußische Artillerie, soweit sie den mörderischen Rückzug überlebt hatte, nach Königsberg zu schicken, und dann, am vorletzten Tag des Jahres, auf eigene Verantwortung in Tauroggen Waffenstillstand mit den nachdrängenden Russen geschlossen.

Die allgemeine Verwirrung im französischen Heer führte zu merkwürdigen Vorkommnissen. So teilten die preußischen Vortruppen ihre Quartiere noch mit Franzosen, während die Nachhut sich bereits brüderlich mit den Kosaken zusammen tat.

Prinz August hielt sich, auf Wunsch seines Vaters zu dieser Zeit beurlaubt, gerade in Berlin auf und verfolgte den Gang der Ereignisse mit größter Spannung. Äußerlich mußten sich jedoch die preußische Regierung und die königliche Familie in Gelassenheit üben, denn noch war Berlin von seinen eigenen „Bundesgenossen" so gut wie besetzt, und Gerüchte gingen um, man werde sich hochgestellter Personen bemächtigen und alle Straßen nach Schlesien und Sachsen abriegeln. Doch schätzten offenbar die Franzosen die Preußen noch immer zu gering ein und erwarteten von ihnen kein rasches Handeln.

Als sei nichts Außergewöhnliches zu erwarten, begab sich der König mit seiner Familie Anfang Januar 1813 nach Potsdam, um seinen ältesten Sohn einsegnen zu lassen. Nach der feierlichen Zeremonie reiste er jedoch in größter Heimlichkeit nach Breslau ab, wohin ihm die Regierung ebenso unauffällig folgte.

Preußen befand sich in einer schwierigen Lage zwischen Frankreich und Rußland. Beide forderten seine Parteinahme, wohl wissend daß es allein nichts würde ausrichten können. Hardenberg, der anfangs wohl mehr Sicherheit auf der Seite Frankreichs gesehen hatte, neigte nun Rußland zu. Scharnhorst war als Unterhändler dorthin unterwegs. Der König selbst wies stolz das Ansinnen, Napoleon wortbrüchig zu werden, von sich, auch mißtraute er dem Drang des Zaren, seinen Einflußbereich nach Westen auszubreiten.

Seit 1809 hatte man in Preußen gerüstet, seit 1811 diese Rüstungen verstärkt, mittlerweile gab es 124 000 bewaffnete Soldaten. Pulver, Blei und Pferde wurden der französischen Armee nach Kräften vorenthalten, um Schlesien damit zu versorgen, die Festungen erhielten zusätzlich 100 unverdächtige Arbeiter pro Kompagnie, und ab und zu wurde Lärm geschlagen, um die Besatzungen an plötzliche Angriffe zu gewöhnen.

Das Hauptquartier der Patrioten befand sich in Breslau, dort hielten sich Scharnhorst und Blücher auf, ebenso Boyen und Gneisenau und Clausewitz. Freiherr vom Stein nutzte seinen Einfluß auf Zar Alexander dazu, auf das Bündnis mit Preußen hinzuarbeiten und gleichzeitig seine Vorstellungen von der richtigen Verfassung eines Staates mit dem Ideal des Zaren zu wohltätigem Wirken zu bringen.

In Breslau machte man sich bereits Gedanken über den Oberbefehlshaber des preußischen Heeres. Der König selbst kam als Oberhaupt des Staates nicht in Frage, doch glaubten manche, es müsse wenigstens ein Mitglied des königlichen Hauses sein. August war ernsthaft im Gespräch, nachdem Clausewitz Gneisenau gegenüber geäußert hatte, „mit gescheuten Leuten umgeben sei er sogar besser als jeder andere, wenn es die Besten (und damit meinte er zweifellos Scharnhorst) nicht sein können".

Die Anwesenheit des Königs in Breslau beschleunigte trotz seiner persönlichen Bedenken die militärischen Anstrengungen. Prinz August wurde mit der Aufstellung von 18 neuen Kompanien beauftragt. Am 12. Februar erging der Befehl zur Mobilmachung, alle verfügbaren Truppen wurden nach Schlesien gezogen, sogar die Besatzung der Festung Spandau, öffentliche Anschläge riefen die beurlaubten Offiziere auf ihre Posten zurück, und allen, die 1806 entlassen worden waren, bot man den Wiedereintritt in die Armee an. Die wichtigste Neuerung war die Aufforderung an die männliche Bevölkerung, sich als Freiwillige zum Kampf bereit zu machen, d. h. selbst für ihre Ausrüstung zu sorgen und auf Sold zu verzichten, sei es als Jäger – junge Leute aus den wohlhabenden Schichten, die sich aussuchen konnten, bei welchem Truppenteil sie eintreten wollten –, sei es als Landwehr- oder Landsturmmann. Letztere sollten von den Ständen oder Kreisen ausgerüstet werden, durften auch älter als 24 Jahre sein und trugen, soweit es den Landsturm betraf, nicht einmal Uniform oder Schußwaffen, wie überhaupt die Ausstattung der Armee alles zu wünschen übrig ließ und jeder Einzelne seine Vaterlandsliebe zunächst durch klagloses Entbehren unter Beweis zu stellen reichlich Gelegenheit hatte.

Prinz August bemühte sich für seine neuen Kompanien zu sorgen, indem er in einer Instruktion ausdrücklich die möglichste Schonung der jungen Rekruten verlangte und verbot, unerfahrene „Krümper" wegen ihrer mangelnden Fähigkeiten zu verspotten. Was die Kanonen betraf, so forderte er die Vermehrung der schweren Kaliber, von denen es bisher nur vier auf hundertzwanzig leichte gab.

Doch wollte er auch noch einen persönlichen Beitrag zur Rüstung leisten und bot dem König an, aus eigenen Mitteln ein ganzes Kavallerieregiment zu werben und auszustatten. Friedrich Wilhelm dankte seinem Onkel sehr freundlich, machte aber keinen Gebrauch davon. Stattdessen beförderte er August zwei Tage nach dem Abschluß des Bündnisses mit dem Zaren in Kalisch am 1. März 1813 zum Generalleutnant und übertrug ihm das Kommando über die gesamte mobile Artillerie. Diese Stellung war jedoch nicht in Augusts Sinne, er wollte näher und unmittelbarer am Kampf beteiligt sein. Auf seine entsprechende Bitte erklärte der König wieder „darauf bedacht sein zu wollen, ihn anderweitig nach Wunsch einzustellen". Doch damit mußte der Prinz zunächst zufrieden sein. Zudem nahm die Bewaffnung der neuen Kompanien seine ganze Phantasie in Anspruch. Er schlug dem König vor, die schweren 24pfündigen Kanonen, die in den Festungen standen, zu leichten sechs- und zwölfpfündigen umzugießen und für die Festungen neue eiserne gießen zu lassen. Der König gab den Vorschlag an Scharnhorst weiter, der sich auch dieses Details annehmen mußte wie so unzählig anderer.

Trotz der schwierigen Lage – in Berlin hatten es die Besonnenen schwer, die aufgeregte und zunehmend feindliche Bevölkerung daran zu hindern, die nervös gewordenen französischen Truppen bis zum Straßenkampf zu reizen – hieß der König nachträglich die Handlungsweise Yorcks und Bülows in Tauroggen gut, zumal auch schon russisches Militär die Hauptstadt erreicht hatte.

Nach einigem Streit um den Oberbefehl erhielt ihn schließlich der alte russische General Kutusow, den bald Fürst Schwarzenberg ersetzen sollte, und unmittelbar wurde ihm das Hauptheer, das sogenannte Böhmische, unterstellt. Die beiden anderen großen Heeresgruppen, die nördlich und südlich des Hauptteiles operieren sollten, hatten in Prinz Johann Karl von Schweden, wie der frühere französische Marschall Bernadotte jetzt hieß, sowie in Blücher zusammen mit Gneisenau als engstem Mitstreiter fähige und bewährte Kommandeure. Gneisenau spielte außerdem eine wichtige Rolle als Verbindungsmann nach England, von wo er Schiffsladungen von Waffen und Munition mitbrachte, denn England unterstützte die Verbündeten noch nicht mit Soldaten, aber was fast wichtiger war, mit Geld und Kriegsmaterial. Das preußische Heer war inzwischen auf 270 000 Mann – Soldaten und Landwehr, dazu noch die Freikorps aus anderen deutschen Ländern – angewachsen, und sieben Festungen waren in seiner Hand.

Nachdem auch der neue preußische Verbündete Alexander I. in Breslau eingetroffen war, ließ Friedrich Wilhelm III. die Wünsche der Preußen und vieler anderer Deutscher in einem Aufruf zusammenfassen, den er am 17. März „An mein Volk" richtete und der der allgemeinen Kampfbegier endlich Raum und Berechtigung gab. Wer nicht selbst Waffen führen konnte, spendete Geld oder Wertgegenstände, eiserne statt goldener Trauringe kamen in Mode, und viele Frauen schnitten ihr langes Haar ab, um es zugunsten der Truppen zu verkaufen. Ende März rückten Preußen und Russen gemeinsam bis zur Elbe vor, doch dauerte es noch einen vollen Monat, bis sie zum Kampf bereit waren. Napoleon hatte seine Zeit genutzt, an der Spitze einer neuen Armee stellte er sich seinen Gegnern. Prinz August hatte sich, da er kein direktes Kommando erhalten hatte, gleich am 18. März dem Blücherschen Korps, das die sächsische Grenze überschritt, angeschlossen und zunächst um die Pulverfabriken bei Bautzen und Dresden sowie um das Hauptmunitionsdepot in Bautzen gekümmert. Die Pulverfabrikation lief auf höchsten Touren, um täglich die Herstellung von 30 Zentnern Pulver zu erreichen.

Auch sonst gab es genug zu tun. Da war der Major von Lützow, der für sein Freikorps eine halbe reitende Batterie erbat und erhielt, vor allem mußte die schwierige Versorgung geregelt werden. August befürwortete den Vorschlag eines seiner Offiziere, die Fourage statt von Pferden oder sogar den Geschützprotzen selbst lieber auf eigenen Wagen hinterher fahren zu lassen, um die Fuß-Artilleristen beweglicher zu machen. Dann verlangte die Landwehr nach eigener Artillerie, doch hier versagten die Künste der Organisatoren, sie mußte ohne diese Hilfe auskommen.

Anfang Mai traf die schlesische Armee auf dem rechten Saaleufer bei den Dörfern Groß- und Klein-Görschen, Kaja und Rahne, nahe der Gegend also, die nicht weit von den Schauplätzen des Jahres 1806 entfernt lag, auf die Franzosen.

August hatte früher im Verlauf von Übungen bei Groß-Görschen und Umgebung im Quartier gelegen und kannte daher Wege, Abhänge und Entfernungen ganz genau. Gleich den meisten anderen war er nach den langen Vorbereitungen von einer wahren Siegeswut gepackt, als es am 2. Mai zur Schlacht kam, eine Wut, die Preußen und Russen den an Zahl weit überlegenen Feind wieder und wieder angreifen ließ. Vier Mal wurden die Dörfer erobert und gingen wieder verloren, von neuem erstürmt und mit verbissener Todesverachtung schließlich doch festgehalten. Eine drohende Umzingelung durch die Franzosen vermochte nicht, den Kampf zu mindern, immer wieder warfen sich die zum Teil noch unerfahrenen jungen Soldaten ins Gewühl. August tauchte bald hier, bald da auf, wo er führerlose Soldaten fand, setzte er sich an ihre Spitze. Trotz seines Wagemutes geschah ihm nichts, nur Slop, das Pferd, das ihn bisher nie im Stich gelassen hatte, wurde unter ihm erschossen. In der hereinbrechenden Dunkelheit erlosch die Schlacht. Preußen und Russen räumten sieglos das Feld, aber geordnet und mit einer Reihe erbeuteter Geschütze und Gefangener.

Unter wiederholten Rückzugsgefechten zogen die Verbündeten danach auf Bautzen zu, August hielt gerade bei einer Brücke, deren Deckung er übernommen hatte, als ihm die Nachricht vom Tode seines Vaters am 2. Mai überbracht wurde. Eine Erkältungskrankheit hatte sein langes Leben nach wenigen Tagen beendet. Seine Gemahlin und Luise Radziwill waren bis zuletzt bei ihm, und am 7. Mai im Morgengrauen wurde er in der Domgruft zwischen seinen Söhnen beigesetzt, ohne irgendwelches Gepränge und auch ohne die Gebete eines Geistlichen. Nur seine Tochter gab ihm das letzte Geleit. Prinz August erhielt wenige Tage nach dem Treffen von Groß-Görschen den neu gestifteten Orden des Eisernen Kreuzes für seine besondere Tapferkeit, die er auch in den Gefechten bei Cölln in der Nähe von

Meißen, bei Bautzen und bei Haynau bewies, auch hier wieder ohne eigenes Kommando. Die preußische Armee ging nach Schlesien zurück, und am 2. Juni schloß man einen zweimonatigen Waffenstillstand mit den Franzosen. Die Österreicher, die bis jetzt Zuschauer gewesen waren, bemühten sich in Prag, Friedensverhandlungen in Gang zu bringen. Nichts kam dabei heraus, aber Preußen zahlte einen hohen Preis: Scharnhorst hatte sich trotz einer bei Groß-Görschen erhaltenen Fußwunde selbst nach Prag begeben, dort verschlimmerte sich die Verletzung, und der unersetzliche Mann, die Seele aller militärischen Reformen, starb an einer Blutvergiftung, ohne noch den Erfolg seiner jahrelangen Arbeit zu sehen.

Sofort nach Eintreten der Waffenruhe hatte sich August zurück nach Berlin begeben, wo man sich in ziemlicher Ungewißheit über die jüngsten Ereignisse befand. Nur der Aufruf „An mein Volk" hatte auch die Berliner erreicht, die übrigen Nachrichten fingen die Franzosen ab, so daß jeder Ankommende mit Spannung empfangen wurde. Doch mied August die Öffentlichkeit, er widmete sich seiner trauernden Mutter, seinen Erbschaftsgeschäften, der Neuordnung seines Haushaltes, soweit die Angelegenheiten der Artillerie es zuließen. Innerhalb der wenigen zur Verfügung stehenden Wochen verdoppelte sich die Zahl der Batterien auf 40, und statt der 6000 verfügten sie jetzt über 14 000 Mann.

Vielleicht aufgrund seiner Erfahrungen sprach sich der Prinz gegen die Verwendung von Rekruten aus, lieber zog er bereits ausgebildete Artilleristen wieder ein, die sich schneller in ihrem Dienst zurechtfanden. Aber auch seinen Wunsch nach einem Kommando ließ er nicht aus den Augen, indem er dem König erneut darlegte, „daß das Kommando der Artillerie, so wichtig es im Frieden sei, ihm im Kriege doch nur einen sehr beschränkten Wirkungskreis verschaffe, da er nur bei einem Armeekorps sich aufhalten könne und dort von anderen abhängig sei". Er fuhr fort: „Ich habe keineswegs die Anmaßung, um ein höheres Kommando zu bitten, sondern wünsche nur eine Brigade zu erhalten, damit ich Gelegenheit bekomme, durch die

Führung von Truppen verschiedener Waffen zu anderen Stellen mich vorzubereiten." Friedrich Wilhelm III. versprach, seiner zu gegebener Zeit zu gedenken.

Am Tage, an dem der Feldzug wieder begann, am 16. August, erfuhr der Prinz in Jauer, wo er Besichtigungen abhielt, daß er die zwölfte Infanterie-Brigade des 2. Armeekorps unter General von Kleist führen solle, die sich bereits auf dem Vormarsch kurz vor Dresden befand. Am selben Tag hatte er noch in verschlüsselten Worten an Juliette geschrieben, daß die Verbündeten letztlich gegen Frankreich erfolgreich sein würden, und mit einem pathetischen „Adieu, vielleicht für immer!" geschlossen. Mit Extrapost fuhr er dann über Hirschberg nach Teplitz. Von dort ließ er sich im Wagen des russischen Generals Fürst Wittgenstein weiter mit nach Dresden nehmen und erreichte am 26. August die Hauptarmee, wo er seine Brigade übernahm.

Gefechtslärm und marschierende Truppen empfingen ihn, Österreich hatte sich inzwischen den Verbündeten angeschlossen. Dresden sollte erobert werden. Da Prinz Augusts 12. Brigade bei Strehlen in Reserve blieb, beteiligte er sich wieder auf eigene Faust am Gefecht, konnte jedoch am schließlichen Mißerfolg nichts ändern. Napoleons Anwesenheit wirkte so zwingend auf seine Truppen, daß sie alle Widerstände überrannten und auch den strömenden Regen nicht zu fühlen schienen, der ihren Gegnern zu schaffen machte.

Am 27. 8. mußte man zur Sicherung der Rückzugswege und aus Mangel an Lebensmitteln den Kampf abbrechen und sich damit trösten, daß General Blücher an der Katzbach mit seiner schlesischen Armee einen bedeutenden Sieg errungen hatte.

Augusts Brigade war zurückgedrängt worden und hatte das Gebirge bei Glashütte mit großer Mühe überschritten, um am 29. 8. abends in Fürstenwalde den Befehl zum Vorrücken auf Kulm gegen General Vandamme zu erhalten. Die Straße dorthin hatte die böhmische Armee mit ihrer Bagage, ihren Geschützen und Pferden bereits so verstopft, daß General von Kleist sich entschloß, trotz aller Mühsal auf den Gebirgskamm zurückzugehen und auf ihm entlang in den Rücken der Feinde zu gelangen. Nach einer kurzen Nachtruhe begann im nebligen Morgengrauen der beschwerliche Marsch. Österreicher und Russen griffen die Franzosen um neun Uhr an. Als das Kleistsche Corps gegen elf Uhr auf den Höhen bei Nollendorf einen freien Blick auf den Talkessel vor ihm gewann, sah der General, daß sein sofortiger Angriff die Lage der Verbündeten verbessern würde, und stieg so rasch es irgend ging zu Tal. Der erste Kanonenschuß aus einer seiner Batterien verstärkte den russischen Angriff von der anderen Seite, und die Franzosen, von vier Seiten umstellt, wandten sich dem neuen Angreifer zu, der den Abhang hinab auf sie zujagte. Sie versuchten sich von dem Dorf Arbesau aus zu verteidigen und gleichzeitig sich zurückzuziehen. Als Prinz August den Befehl erhielt, das Dorf zu stürmen, warfen die französischen Reiter seine Landwehrleute, die hier zum ersten Mal standhalten sollten, ganz unzureichend gekleidet und vom Marsch erschöpft waren, über den Haufen. So griff der Prinz wieder zu seinem erprobten Mittel, er sprang vom Pferd, sammelte die Männer des nachfolgenden Infanterie-Regiments um sich, ergriff dessen Fahne und stellte sich an die Spitze, und es gelang den Preußen, die Franzosen mit einem Bajonettangriff zurückzuwerfen. In der Zwischenzeit hatte die Schlacht ihren Höhepunkt überschritten, Vandamme war in Gefangenschaft geraten mit allen Fußtruppen, die sich in dem Kessel noch befanden. Nur die Kavallerie versuchte noch sich zu retten. Sie preschte die Chaussee entlang, an deren Seite die Artillerie und Infanterie Kleists vorrückte, und hieb sich durch die Geschützbedienungen hindurch. August muß beim Zurückreiten die Unordnung am Abhang gesehen haben, die Sonne schien nun hell genug, und er beeilte sich, seinen Leuten zur Hilfe zu kommen. Trotz des Gedränges sammelte er genug Infanteristen, um die Geschütze notdürftig bedienen zu können. Doch neue Reitertrupps umdrängten sie, plötzlich befand sich der Prinz mitten zwischen Feinden, die auf ihn einhieben. Die Lage seines Bruders bei Saalfeld wiederholte sich gefährlich, aber August war glücklicher, er setzte über einen rettenden Graben, und der Wald nahm ihn auf.

Inzwischen neigte sich die Schlacht ihrem Ende zu, der Sieg der Verbündeten war unstreitig, und die erschöpften Soldaten beider Seiten suchten ihr Lager auf dem zerwühlten Boden. August verbrachte die Nacht mit einigen anderen preußischen Offizieren im Wald und kehrte erst am Morgen zu seiner Brigade zurück.

General von Kleist versäumte nicht, dem König in seinem Bericht über die Schlacht Augusts tapferen Bajonettangriff zu schildern, worauf Friedrich Wilhelm III. von Teplitz aus seinem Onkel schriftlich seine Zufriedenheit ausdrückte. Der Marsch ging weiter auf Dresden zu, wohin sich Napoleon gewandt hatte, und August befand sich diesmal bei der Avantgarde, die dann auch mit den sich ihren Verfolgern entgegenwendenden Franzosen aneinandergeriet und sie mit Kanonenschüssen und Reitergeplänkel vor sich hertrieb. Am 17. September schien Napoleon seinen Gegnern eine Schlacht liefern zu wollen, doch blieb es bei einem kraftvollen Angriff, der ihm keine Vorteile brachte, so daß er seine Stellung aufgab und auf Leipzig marschierte, wo er seine Truppen südöstlich der Stadt in einem weiten Halbkreis aufstellte. Die verbündeten Armeen, in dem Bestreben sich zu vereinigen, erschienen eine nach der anderen auf dem Schauplatz, der endlich den entscheidenden Sieg bringen sollte.

Auch an anderen Orten Deutschlands kämpften kleinere und größere französische Einheiten, in Kassel gegen die Russen, in Norddeutschland gegen Preußen; aber hier in den weiten, von Wasserläufen und Sümpfen durchsetzten Ebenen vor Leipzig, zwischen ihren unbedeutenden Hügeln ballte sich die gewaltigste Streitmacht zusammen, die aufzubringen gewesen war. Südlich der Stadt zog die Hauptarmee breit auseinandergezogen heran, bei der sich auch die Monarchen befanden, von Nordosten her suchte Blücher den Anschluß zu gewinnen, und zwischen beiden operierte Bernadotte, vorsichtig bemüht, nicht mit seinen früheren Waffengefährten in Berührung zu kommen. Seit dem 10. Oktober hatte es geregnet, die Flüsse Elster, Pleiße und Parthe schwollen bedenklich an, und der Boden war schwammig und schwer. In der Nacht zum 15. tobte ein Orkan über der Gegend. Eine Stunde lang wirbelten auch weiße Flocken um Napoleon und seine Begleitung, als er von seinem Hauptquartier in Leipzig aus seine Truppen besichtigte. 190 000 Soldaten und 700 Geschütze gaben ein beruhigendes Gefühl, zumal ihm die Front der Verbündeten sehr locker und dünn erschien. Am 16. Oktober begann die Schlacht mit dem Angriff der Verbündeten auf das Dorf Machau, wo polnische Truppen zwar scheinbar geringen Widerstand leisteten, über dem aber plötzlich eine tödliche Kette von 100 Kanonen losbrach und Preußen und Russen zurücktrieb. Beim Donner der Geschütze verließ das Kleistsche Korps, das zur Zeit nur aus den Brigaden des Generals Klüx und Prinz Augusts – die übrigen wurden anderweitig gebraucht – bestand und dem deshalb noch eine russische beigegeben war, seine Stellung bei Cröbern, um seinem Auftrag gemäß das Dorf Markkleeberg zu besetzen. Zwei russische Kürassierregimenter folgten. Unter dem Schutz ihrer Artillerie stürmten die Preußen das Dorf und drängten die Franzosen bis an die dahinter ansteigenden Hügel zurück, doch gerieten sie dort in heftiges Feuer und wurden, da sie verbissen ihre Stellung behaupteten, schließlich von französischer Kavallerie völlig abgeschnitten, die mehrmals versuchte, die Kolonne zu zerschlagen. Eine Kanonenkugel schlug mitten in Augusts schon zusammengeschmolzene Truppe und tötete sechs Soldaten, weitere Geschosse fielen, und auf der Dorfstraße knäuelten sich flüchtende Polen, ein Lehrer und seine schreienden Schulkinder und andere verstörte Einwohner. Russische Grenadiere, die ebenfalls die Hügel zu stürmen suchten, erleichterten dem umzingelten Haufen vorübergehend seine Lage, doch war ihr General nicht willens, mit August zusammen vorzugehen. So hieß es aushalten, einen ganzen blutigen Tag lang, erst am Nachmittag im letzten Augenblick erschien das österreichische Korps des Prinzen von Hessen-Homburg, dem es gelang, das heiß umkämpfte Dorf endgültig zu behaupten. Augusts fast völlig aufgeriebene Brigade marschierte nach Cröbern zurück.

Der Tag war vorüber, und noch war nichts entschieden. Um die Mittagszeit hatte die Lage für Napoleon sehr günstig ausgesehen, die Franzosen drängten auf dem ganzen Bogen vorwärts, und das verbündete Hauptquartier wartete noch immer auf die österreichischen Truppen, die, behindert durch das schwierige Gelände, nur langsam herankamen. Am Nachmittag erfolgte ein wirksamer französischer Kavallerieangriff, und Kuriere jagten nach Leipzig und ließen den Sieg der Franzosen ausschreien. In der völlig überfüllten Stadt trafen stündlich Verwundete ein, und die Bewohner, die ängstlich dem unaufhörlichen Rollen der Salven lauschten, hörten mit tiefer Enttäuschung die Siegesglocken. Doch ihr Läuten war verfrüht.

Den Franzosen begann die Munition knapp zu werden, wogegen bei den Verbündeten endlich die frischen österreichischen Truppen erschienen. Und Blücher hatte bei Möckern über Marmont gesiegt, dessen Truppen zur Hälfte vernichtet und war der Stadt und der Hauptarmee so nahe gerückt, daß ihre Flügel nun Berührung hatten.

In der Nacht stand der Feuerschein der brennenden Dörfer ringsum am Himmel. Napoleon erwog den Rückzug auf Leipzig, verwarf ihn dann aber wieder. Stattdessen sandte er einen Unterhändler in das Hauptquartier der Verbündeten, die entschlossen waren, am 17. morgens die Schlacht fortzusetzen. Napoleons Verhandlungsversuch brachte den Truppen einen ganzen Tag der Atempause. Die Gegner beobachteten sich. Am Abend gaben die Franzosen bei prasselndem Regen ihre Stellungen auf. Doch beim Morgengrauen wurde es wieder klar, und die verbündeten Heere passierten bei ihrem Vorgehen ungehindert die Dörfer, an denen sie 48 Stunden vorher gescheitert waren.

Napoleon hatte seine Truppen in einem engeren Bogen zusammengefaßt, sie berührten mit dem linken Flügel die Pleiße bei Conneritz, bogen bei dem Dorf Probstheida in einem Winkel nach Norden ab und erstreckten sich an der Parthe entlang auf die Stadt zu.

Augusts Brigade befand sich bei der zweiten der fünf starken

Angriffskolonnen, ihr Angriffsziel waren die Dörfer Stötteritz und eben Probstheida, das ungemein stark, seiner Schlüsselstellung entsprechend befestigt war. Napoleon selbst stand dort, der Ort starrte vor Artillerie, und hinter den festen Lehmmauern der Hausgärten wartete die Garde auf ihren Einsatz. Die Lehmmauern und die größtenteils steinernen Häuser bildeten eine natürliche Festung.

Während ringsum die Erde vom Geschützdonner und von Pferdehufen bebte, während unaufhörlich die Trommeln geschlagen wurden, wartete das Korps Kleists auf das Signal zum Angriff.

Der General wußte nicht, daß die Kolonnen rechts und links noch nicht die gleiche Höhe erreicht hatten. Einstweilen beschoß die Artillerie das Dorf. Die Preußen erfuhren auch nicht, daß ein großer Teil der sächsischen Truppen Napoleons ihn verließ und zu den Verbündeten überging. Die Württemberger folgten diesem Beispiel, so daß sich die Zahl der französischen Truppen weiter verringerte. Auf dem rechten Flügel gewann Blüchers Armee an Boden. Endlich um die Mittagszeit kam das Sturmsignal für Prinz Augusts Brigade und die 10. des Generals Pirch. Die Preußen, das inzwischen allgemein zum Schlachtruf gewordene „Vorwärts" auf den Lippen, August mit blankem Degen in vorderster Reihe, arbeiteten sich über die Lehmwände bis in die Mitte des Dorfes vor, wo einige Geschütze von den Franzosen im Stich gelassen wurden, doch konnten sie sich nicht halten und mußten zurückgehen, um erneut anzugreifen. Der Kampf tobte durch Höfe und Ställe, über Treppen und Böden, während die Grenadiere in einem Haus die Keller besetzt hielten, schoß der Feind aus den Fenstern nach den Türen. Niemand dachte an Gefangene, wer fiel, blieb liegen, und wer schließlich die roten Häuser am Dorfausgang erreichte, war hundertfach in Todesgefahr gewesen. Doch alle Anstrengungen waren umsonst, Bajonettangriffe versagten, den Geschützen fehlten die Pferde, und hinter dem Dorf schickte Napoleon unablässig Verstärkungen zu seiner Verteidigung. Die Franzosen kämpften ebenso besinnungslos um die Früchte ihrer jahrelan-

Die Kanone *Le Drole* vor dem Schloß Bellevue

gen Siege auf allen Feldern Europas wie Preußen und Russen um die Befreiung ihrer Heimat. Ein letzter Versuch des Herzogs von Württemberg scheiterte, dann gingen die wenigen Preußen, die noch übrig waren, endgültig zurück. Weitere Opfer waren unnötig, denn die Franzosen hatten mit dem Rückzug begonnen. Mangel an Munition, der Verlust so vieler Soldaten zwangen dazu. Als die erlösende Dunkelheit kam, räumten die Verteidiger Probstheida, nicht ohne es in Brand zu stecken. Der nächtliche Feuerschein beleuchtete die Toten und gefährdete die Verwundeten, die sich nicht aus eigener Kraft davor retten konnten, und über den Trümmern stand beißender Qualm. Ein Drittel von Augusts Brigade, fast 3000 Mann, waren gefallen, aber auch die Verluste der Franzosen waren furchtbar. Als die Preußen das Dorf am 19. früh nun ohne Gefahr betraten, fanden sie die 15 französischen Geschütze verlassen und hastig mit Erde bedeckt vor. Während die wertvolle Beute ausgegraben wurde, erschienen der König und der Zar mit ihrem Gefolge. Beide besichtigten die traurigen Reste des Dorfes, und als ihnen Prinz August die Kanonen zeigte, wandte sich der lebhafte Alexander an seinen Bundesgenossen und schlug vor, dem Prinzen eines der Geschütze zu schenken. Lächelnd darauf eingehend deutete der König auf das größte, den Achtpfünder „Le Drôle", und sagte, August möge es als Zeichen seiner Anerkennung behalten. Der Prinz, sehr erfreut über dieses „Andenken", befahl seinem Adjutanten, die Kanone sofort nach Berlin schaffen zu lassen, wo sie in Bellevue aufgestellt werden sollte.

Noch war Leipzig selbst in französischer Hand. Schon morgens gegen 9 Uhr waren die Franzosen bis an die Stadt zurückgedrängt, und mit klingendem Spiel und wehenden Fahnen folgten ihnen die Verbündeten, als ginge es schon zum Siegesfest. Doch mußten die Tore mit hartem Kampf erbrochen werden, während in der Stadt das Durcheinander von Truppen, Einwohnern und Verwundeten, Wagen und Pferden einen Höhepunkt erreicht hatte. Um die Mittagszeit schließlich war alles vorüber, Napoleon verließ die Stadt, während die Bevölkerung schon die Ankunft der Sieger erwartete. Auf dem Marktplatz begegneten sich Fürsten und Heerführer, Jubelrufe empfingen besonders

Marschall Blücher. Der Zar umarmte ihn, für einen herrlichen Augenblick vergaßen die Soldaten, daß sie 36 Stunden ohne Schlaf und fast ohne Nahrung gekämpft hatten, die Einwohner ihre Plagen und Ängste.

Prinz August, von dessen furchtbar zugerichteter Brigade nur noch zwei Füselier-Bataillone und zwei Batterien im Gefecht gewesen waren, gehörte zum Gefolge Friedrich Wilhelms III. und genoß die Annehmlichkeiten des Hauptquartiers. Von dem allseits niedergehenden Regen von Auszeichnungen fiel ihm der St. Wladimir-Orden zu, begleitet von einem freundlichen Brief des russischen Generals Barclay de Tolly. Wichtiger war ihm, daß auch seine Untergebenen nach Verdienst belohnt wurden, wofür er sogleich durch Aufstellung eines ausführlichen Berichtes mit Vorschlägen für Beförderungen und Vermehrung der Offiziersstellen Sorge trug. Es erschien ihm natürlich, selbst tapfer zu sein, bei anderen betrachtete er diese Eigenschaft als erfreuliches Ergebnis von straffer Zucht und der Nachahmung guten Beispiels. Tat August auch etwas für die Verwundeten, die zu Tausenden in Leipzig lagen, manche noch tagelang unter freiem Himmel, ohne irgend eine Betreuung? Sie waren schlimmer dran als die Toten.

Nach einer vierzehntägigen Ruhepause wandte man sich der nächsten Aufgabe zu, nämlich Napoleon gänzlich vom deutschen Boden zu vertreiben. Die Hauptarmee folgte den Franzosen langsam auf die Mainlinie zu, das Kleistsche Korps wurde zur Belagerung der Festung Erfurt bestimmt. Bis zum Januar des folgenden Jahres zog sie sich hin, dann ergab sich die Besatzung, und den Belagerungstruppen wurde eine Zeit der wohlverdienten Ruhe eingeräumt. Angesichts der sich hinschleppenden Belagerung hatte August sich beurlauben lassen, ihn zog es aus vielerlei Gründen nach Berlin. Teils erwarteten ihn die unerledigten Geschäfte der Artillerie, zum anderen seine Mutter, sein ungeordnetes väterliches Erbe sowie seine Kinder und Friederike.

Doch brauchte er sich um seine Angelegenheiten keine Sorgen zu machen, Mutter und Freundin empfingen ihn mit offenen Armen, seine Kinder mit Jubel. Die Verwaltung seines Besitzes lief unter ihren bewährten Beamten reibungslos. Nur die Artillerie forderte seine ganze Aufmerksamkeit.

Wie die übrige Armee – man konnte sich die Zahl von 50 000 Toten auf Seiten der Verbündeten kaum vorstellen – hatte sie große Verluste erlitten, die Hälfte jener 15 000 Mann, mit denen im Herbst 1813 der Feldzug begonnen hatte, war tot oder verwundet, viel Material verloren oder unbrauchbar. Zwar hatte Preußen alle 300 bei Leipzig eroberten Geschütze erhalten, und auch ein Teil der 15 000 Zentner Pulver fiel ihm zu, aber trotzdem blieb ein Mangel bestehen, dem sich nur mit großer Anstrengung abhelfen ließ. Neue Formationen mußten gebildet, neue Ausrüstung herbeigeschafft werden.

Bis zum Januar des Jahres 1814 hielten seine Aufgaben August in Berlin fest. Inzwischen waren die drei Armeen der Verbündeten auf verschiedenen Wegen in Frankreich eingedrungen, die Hauptarmee unter Schwarzenberg im Süden, Bülow von Holland aus, und Blücher hatte in der Neujahrsnacht bei Kaub den Rhein überquert. Langsam näherten sich die Heere dem Landeskern, die Festungen blieben zunächst unbeachtet. Am 12. Januar verließ Prinz August Berlin, auf seinem Weg über Wittenberg erlebte er die nächtliche Erstürmung der Festung durch die Truppen des Generals Tauentzien am 13. Januar mit. Am 30. Januar erreichte der Prinz seine Brigade, die sich inzwischen in der Gegend von Grevenmacher am unteren Lauf der Mosel befand.

Am 1. Februar siegte Blüchers Armee bei la Rothière, am neunten erreichte sie Chateau-Thierry, wo das Kleistsche Korps zu ihr stieß. Aber Napoleon war immer noch ein gefährlicher Gegner, der den Verbündeten zu schaffen machte. Schon vier Tage später hatte Prinz August wieder Gelegenheit, seine Kaltblütigkeit zu beweisen. In der Meinung, nur geringe feindliche Kräfte vor sich zu haben, rückte man auf Etoges zu, als plötzlich bei dem Dorf Vauchamps etwa 15 000 französische Reiter Preußen und Russen mit ihrer viel zu schwachen Kavallerie – 1400 Pferde – zwischen sich zu erdrücken suchten. Und als die Preußen sich zurückzogen, sich fast schon gerettet glaubten, da es dunkelte und ein Waldstück Schutz versprach, blieb immer noch ein Stück offene Ebene zu überwinden, in der die französische Kavallerie erst recht ihre volle Wirksamkeit entfaltete. Nicht nur die Soldaten, auch die Generäle Blücher, Kleist und Gneisenau fanden ihre Lage sehr bedenklich, aber sie mußten weiter, dicht geschlossen im Sturmschritt, und die Feldmusik spielte, als sei nichts zu befürchten. Wie gewöhnlich suchte Prinz August seinen Leuten durch die eigene Ruhe ein Beispiel zu geben. Als die Franzosen wieder auf wenige Schritte heran waren, erklärte er: „Lieber wollen wir uns alle niederhauen lassen als uns ergeben", machte kehrt und führte, was ihm folgen wollte, den Reitern entgegen. So erreichte man den Wald, beschloß aber sogleich weiter zu ziehen, bis schließlich am nächsten Morgen Châlons die fast ihrer gesamten Nachhut beraubte Truppe aufnahm. Blücher stellte voller Ingrimm fest, daß es Napoleon beinah gelungen wäre, ihn mit seinem ganzen Hauptquartier zu fangen, doch dämpfte das sein Vorwärtsdringen keineswegs, im Gegenteil. Zu seinem großen Mißfallen erwies sich die Hauptarmee nicht als so tatendurstig, Schwarzenberg wollte trotz seiner 330 000 Mann lieber unterhandeln als den ihn begleitenden Monarchen das Schauspiel einer Niederlage bieten. Blücher erreichte, daß wenigstens ihm freie Hand gelassen wurde. Er blieb auf seiner Fährte, wenn er auch einsah, daß allzu sorgloses Vorgehen den Erfolg aufs Spiel setzen hieß. Zudem verschlechterte sich der Zustand seiner Truppen, Kälte und Hunger machte ihnen zu schaffen, und die Zahl der Kranken wuchs ständig.

Die fast aufgeriebene 11. Brigade sowie die Reste der 12. wurden in Châlons mit der 10. vereinigt und unter den Befehl des Generals Pirch gestellt. August kommandierte von nun an die 9. und die 10. Brigade.

Napoleon hatte erkannt, daß von der schwerfälligen, dauernd ausweichenden Hauptarmee nicht viel zu fürchten war, und nach einigen für ihn erfolgreichen Gefechten schwand auch seine

Verhandlungsbereitschaft. Das wiederum bestärkte den Zaren und die Preußen in ihrem Bestreben, Napoleon bis zur völligen Niederlage zu verfolgen, während Österreich ihm gerne eine Brücke zu einem schnellen Frieden bauen wollte.

Anfang März erreichte Blücher die inmitten einer weiten Ebene auf einer Anhöhe liegende Stadt Laon und besetzte sie, direkt vor den Augen Napoleons. Der Kaiser, in dem Glauben, nur einen Teil der preußischen Armee vor sich zu haben, griff am 8. März mit den wenigen Truppen an, die ihm noch zu Gebote standen, hauptsächlich alte Garde und sehr junge, eben erst ausgehobene Leute, die leicht abzuwehren waren. Blücher, den ein fiebriger Gichtanfall und eine Augenentzündung plagten, ließ sich am folgenden Tage zur Schloßruine hinaufbringen und sah von dort dem erneuten Angriff der Franzosen zu. Gneisenau diente ihm zugleich als Berichterstatter und Übermittler seiner Befehle, während der alte Marschall auf seinem zugigen Platz aushielt, hin und wieder einen wärmenden Schluck nahm und einen entscheidenden Angriff erwartete. Aber der Tag schleppte sich hin, und abends erlahmte der Kampf. Blücher begab sich zu seinem Abendbrot, doch die Generäle Kleist und Yorck beschlossen, das nordöstlich der Stadt lagernde Korps des Marschalls Marmont in der Nacht zu überfallen, ein Plan, der ganz nach Augusts Sinn war. Das kühne Unternehmen brachte den Preußen 45 Geschütze und mehr als doppelt soviele Wagen mit Munition ein, dringend gebrauchtes Gut, denn kurz darauf befahl König Friedrich Wilhelm III., die zu den Verbündeten stoßenden deutschen Truppen mit Artillerie zu versorgen. August schlug vor, wieder Feldschmieden einzuführen, und vor allem drang er darauf, Sanitätskompanien zu bilden, die die Verwundeten noch während des Kampfes zu den Verbandplätzen schaffen sollten, um zu vermeiden, daß Soldaten am Blutverlust und mangelnder Pflege starben, wie es bei Leipzig tausendfach geschehen war. Der König stimmte zu, aber Augusts weitergehenden Wunsch nach umfassenden Vollmachten zur Beschleunigung der schleppenden Nachschublieferungen mochte er ihm doch nicht erteilen. Da der König sich mit dem Zaren nach wie vor bei der Hauptarmee befand, ahnte er nicht, wie abgerissen Blüchers Soldaten inzwischen aussahen, die Uniformen zerfetzt und schmutzig, statt Stiefeln oder Schuhen an den Füßen Lappen und Strohbüschel, ungewaschen und vor allem hungrig, so daß die Offiziere ihnen das Stehlen von Nahrung nicht mehr verbieten konnten. Blücher selbst fand, daß er statt einer Armee eine Räuberbande kommandiere.

Indessen neigte sich der Feldzug seinem Ende zu. Napoleon versuchte noch, ostwärts seine Festungen zu erreichen, aber die Verbündeten marschierten weiter ungerührt auf Paris zu. Zwei französische Korps erreichten die Stadt vor ihnen, am 30. März donnerten die Kanonen vom Montmartre herab, und dort wie bei Belleville wurde erbittert gekämpft. Doch schon am selben Nachmittag schloß Joseph Bonaparte anstelle seines Bruders Waffenstillstand. Die Pariser atmeten auf, obwohl eine Schlacht vor ihren Toren etwas Neues für sie war.

Am 31. März, einem milden sonnigen Frühlingstag, drängte die Bevölkerung von Paris sich bereits am frühen Morgen in den Straßen, um dies neue Schauspiel mitzuerleben, den Einzug ihrer Befreier, wie sie die Sieger schmeichelnd nannten. Wie durch Zauberhand waren die Trikoloren überall weißen Kokarden gewichen, weiße Fahnen fielen an den Fassaden herab. Eifrige Hände hatten bereits die Napoleon-Statue von der Spitze der Vendôme-Säule herabgestürzt, als die letzten Abteilungen der Verteidiger die Stadt verließen. Zu den Klängen eines eigens für diesen Anlaß komponierten Marsches zogen die Sieger heran, voran preußische Gardereiter, dann Kosaken in leuchtendem Rot, dann zwischen Fürst Schwarzenberg und König Friedrich Wilhelm III. der Zar in großmütigster und glücklichster Stimmung. August, der mit den übrigen Generälen dicht hinter ihm ritt, sah, wie er umdrängt wurde, Frauen küßten seine Hände, seine Stiefel, faßten nach der Mähne seines Pferdes. Den Generälen folgten Grenadiere in schnellem, leichtem Tritt, und die massigen Pferde der schweren Reiterei beschlossen den Zug. Der Trubel nahm zu, je mehr man sich der Innenstadt näherte. Auf den Champs Elysées traten die 30 000 Gardesoldaten, zu denen auch noch österreichische und württembergische Bataillone gehörten, zur Parade an. Die Pariser kamen auf ihre Kosten, Federbüsche wehten, Orden funkelten, Schärpen glitzerten, und immerfort klang die flinke, fröhliche Musik.

August wohnte der Parade als Zuschauer bei, denn von den Männern, mit denen er in den letzten Wochen Kälte und Gefahr geteilt hatte, war keiner dabei – so unansehnliche Soldaten wie die der schlesischen Armee wollte man den Parisern nicht vorführen, und Blücher lag immer noch krank in einem Vorort und brütete vor sich hin.

Während der langen Stunden der Siegesparade dachte August an seinen ersten Aufenthalt in Paris. Damals hatte sich niemand um den jungen Mann gekümmert, heute richteten sich viele Augen auf ihn, und er genoß das Gefühl, das Ziel der letzten Jahre endlich erreicht zu haben.

Am 6. April dankte Napoleon in Fontainebleau ab, bei Toulouse schlug der Herzog von Wellington, der vom spanischen Kriegsschauplatz kam, eine letzte Schlacht. Frankreich war besiegt, und die Rückkehr der Bourbonen stand bevor, als habe es nie Revolution, Terror und Kaiserreich gegeben. Durch die Straßen von Paris schlenderten die Sieger, die entschlossen waren, bis zum Friedensschluß die schönste Stadt Europas in vollen Zügen zu genießen. Einunddreißig Fürsten verschiedensten Ranges mit ihrem Gefolge sorgten dafür, daß täglich mehr als eine Million Francs in die Kassen der Pariser Geschäftsleute flossen, deren Zuvorkommenheit nichts zu wünschen übrig ließ. Die Emigranten kehrten zurück, die europäische Gesellschaft traf sich in den Salons wie eh und je, während die Politiker begannen, über die Neuordnung Europas nachzudenken.

Einen Tag nach der Unterzeichnung des Friedens zwischen der provisorischen französischen Regierung und Preußen am 31. Mai betrat auch Juliette Récamier wieder Pariser Boden, und Prinz August war einer der ersten, der sie besuchte. Nicht lange, und der Prinz war in ihrem Bann wie früher, nur nicht mehr mit den Hoffnungen von einst. Sie hütete sich auch, neue bei ihm zu wecken, und behandelte ihn mit lächelnder Nachsicht wie einen Besitz, dessen man sicher ist. Im übrigen drängten sich in ihren Räumen bald so viele alte Freunde, Feldherren und Diplomaten, daß August sich kaum einbilden konnte, ein bevorzugter Besucher zu sein.

Wohl wegen seiner Beschäftigung mit Juliette wartete Pauline Wiesel, die einstige Freundin Louis Ferdinands, vergebens auf ein Zeichen seiner Aufmerksamkeit, obwohl sie ihm einen ihr hinterlassenen Brief des Toten, der sie Augusts Fürsorge empfahl, geschickt hatte – umsonst, als habe sie „ein Stück Blei ins Wasser geworfen".

Am 1. April hatte der König August vorübergehend zum Kommandeur des Kleistschen Armeekorps ernannt, da der General den kranken Blücher vertreten sollte. Am 30. Mai folgte die Beförderung zum General der Infanterie, und außerdem wurde August dazu bestimmt, im Gefolge Friedrich Wilhelms III. nach London zu reisen.

7 Englisches Zwischenspiel (1814)

Im April des Jahres 1814 nahm die französische Königsfamilie von England Abschied, wo sie bisher im Exil gelebt hatte. Louis XVIII., der Bruder des am 21. Januar 1793 guillotinierten Louis XVI., kehrte nach Paris zurück. Gastgeber der Londoner Siegesfeiern war nicht der englische König, sondern sein seit 1811 für ihn regierender Sohn, der Prinzregent, dessen Ehe mit der exzentrischen Prinzessin Caroline von Braunschweig dem europäischen Klatsch reichlich Nahrung gab. Das Paar lebte schon seit Jahren getrennt, seine Tochter Charlotte, die Thronerbin, mußte sich mit den Launen ihres Vaters abfinden, der sie unter strenger Aufsicht hielt. Trotz der unerfreulichen Familienverhältnisse zeigte die Prinzessin wenig Neigung, ihrem Verlobten, dem Prinzen Wilhelm von Oranien, nach den Niederlanden zu folgen, und zögerte den Heiratstermin hinaus, was ihren Vater zusätzlich verstimmte. Sie war achtzehn Jahre alt und wollte sich die bevorstehenden Feste keinesfalls entgehen lassen.

Zwischen dem 4. und dem 7. Juni trafen die Gäste nach und nach ein, die Herren Metternich und Hardenberg, der preußische Kronprinz und der Bruder des Königs, schließlich der Liebling der Damen, der Zar, und Friedrich Wilhelm III., und endlich Blücher, dem die Engländer die Pferde vom Wagen spannten, sobald er seinen Fuß auf englischen Boden gesetzt hatte, und dem sie als dem eigentlichen Sieger begeistert zujubelten, wo immer er sich zeigte. Die Tage verliefen in einer unablässigen Kette von Galadiners, Besichtigungen, Bällen und Opernvorstellungen. In Ascot wohnten die Gäste den Rennen bei, und in Oxford wurde den beiden Herrschern sowie ihren hervorragendsten Begleitern die Ehrendoktorwürde verliehen. So erhielt auch Prinz August den Titel eines Doktors der Rechte.

Am 12. Juni nahm der Zar an der Spitze aller Gäste im Hyde Park die Parade ab, während die Londoner Gesellschaft vom Wagen aus dem prächtigen Schauspiel zusah.

Prinzessin Charlottes Blicke fielen schon bald auf einen hochgewachsenen, besonders gut aussehenden Offizier, der seinerseits ganz offensichtlich zu ihr hinübersah. Charlotte fand, daß dieser Mann alle anderen in den Schatten stellte, die Monarchen, die Prinzen und Herzöge. Auf ihre Fragen erfuhr sie, daß der Reiter Prinz August von Preußen war.

Bei einem Fest in Carlton House, der Residenz ihres Vaters, sah sie ihn wieder und verliebte sich vollends in ihn. Ihre Gesellschafterin, Miss Cornelia Knight, eine Fünfzigerin, die sich im Schreiben versucht hatte und ihrem Schützling in romantischer Zuneigung ergeben war, wurde dazu ausersehen, geheime Zusammenkünfte mit August zu arrangieren. Die Prinzessin lebte in Warwick House, wo sie einen eigenen Haushalt führte, über dessen Vorgänge der Prinzregent jederzeit Rechenschaft verlangte. August besuchte das junge Mädchen mehrere Male, ihre Liebe war eine anmutige Zugabe zu den täglichen Paraden und Festen. Die Prinzessin schätzte die Aussichten auf eine Heirat mit ihrem nächtlichen Gast nicht sehr hoch ein, doch war sie entschlossen, ihr Ziel hartnäckig zu verfolgen, wozu sie sich nach dem Austausch zweier goldener Ringe und dem Schwur ewiger Liebe durchaus berechtigt fühlte.

Nachdem August mit den übrigen Gästen nach Paris zurückgereist war, wurde Charlotte von ihrem Vater hart bestraft. Er löste ihren Haushalt auf, entließ ihre Freundin und ihre übrige pflichtvergessene Umgebung und stellte seine Tochter unter Arrest. Es gelang ihr, für wenige Stunden das Haus zu verlassen und zu ihrer Mutter zu flüchten, die jedoch nichts für sie tun konnte. Bis zum Herbst wurde Charlotte wie eine Gefangene vor aller Welt abgeschirmt, und auch von ihrem geliebten „F", wie sie August nach seinem ersten Vornamen Friedrich nannte, drang kein Lebenszeichen mehr zu ihr. Sie erwartete einen offiziellen Heiratsantrag Prinz Augusts und fürchtete nichts mehr, als daß ihr Vater ihn ablehnen würde, ohne ihr überhaupt etwas davon zu sagen. Auch ein plötzliches Auftauchen Augusts in England schien ihr nicht unwahrscheinlich, und sie rechnete damit, daß das Parlament auf ihrer Seite sein würde, wenn es um ihr Lebensglück ginge. Mit solchen und ähnlichen Phantasien verbrachte Charlotte ihre Tage.

Als Gerüchte über Prinz Augusts Verbindungen mit anderen Frauen zu Charlotte drangen, fing sie allmählich an, ihre Lage ein wenig nüchterner zu betrachten. Sollte sie von „F" enttäuscht werden, so schrieb sie einer Freundin, dann würde sie ganz entschieden dem Prinzen Leopold von Sachsen-Coburg den Vorzug vor jedem anderen geben, den sie bisher gesehen habe. Was sie brauche, sei ein ausgeglichener Mann mit Verstand, bei dem die Hoffnung bestehe, daß sie mit ihm weniger unglücklich und trostlos sein würde, als vor der Ehe.

Das Jahr 1814 neigte sich zum Ende, und Charlotte befand sich in einem Zustand der Resignation. Der unbestätigte Bericht, daß „F" eine Miss Rumbold geheiratet habe, gab ihr das Gefühl, daß er für sie gestorben sei. Die Familie der Prinzessin, der inzwischen das Ziel von Charlottes Wünschen bekannt geworden war, überbot sich darin, August bei ihr herabzusetzen. Die Herzogin von York erklärte, seine Schwester spräche niemals von ihm, und der Herzog von Kent versicherte, daß August das schwarze Schaf in der Familie, ein notorischer Verführer und nur der Liebling seiner Mutter sei.

So wurde Miss Knight, die die ganze Zeit über die Verbindung aufrechterhalten hatte, veranlaßt, Charlottes Porträt zurückzufordern, und August schrieb dazu: „Cependant je dois considerer que ce charmant portrait ne fera qu'augmenter mes regrets de ce que mon devoir ne me permettait pas de m'avouer aux sentiments que vous êtes si digne d'inspirer. "

Am 2. Mai 1816 heiratete Prinzessin Charlotte den Prinzen Leopold von Sachsen-Coburg. Nach der Hochzeitsreise, die sie nach dem Landsitz Oatlands führte, zogen Charlotte und Leopold nach Claremont, einem Herrenhaus aus dem 18. Jahrhundert, das inmitten von 200 Morgen der schönsten Landschaft von Surrey lag. Dies war das Hochzeitsgeschenk der Nation an das junge Paar, das sich gut verstand und alle Aussichten hatte, glücklich miteinander zu werden. Am 6. November 1817 brachte Charlotte einen bereits toten Sohn zur Welt, in den frühen Morgenstunden des nächsten Tages starb auch sie. England trauerte tief um den Verlust der jungen Prinzessin, und auch im Ausland fand ihr Ende Anteilnahme.

8 Kongreß in Wien – Festungskrieg in Frankreich (1815)

Im Juli 1814 zogen die Verbündeten allmählich aus Frankreich ab, nachdem Ludwig XVIII. den Thron bestiegen hatte und Napoleon auf der Insel Elba eingetroffen war, wo man ihn für politisch unschädlich hielt.

Prinz August schob seine Abreise aus Paris solange wie möglich hinaus, Juliettes wegen. Was war eine verliebte englische Prinzessin gegen sie? Aber endlich duldeten seine militärischen Pflichten kein längeres Verweilen mehr. Ihn erwartete die Aufgabe, die zurückgewonnenen preußischen Festungen zu inspizieren und sich ein Bild vom Zustand der Artillerie zu machen. So reiste er schließlich ab, jedoch so spät, daß er den feierlichen Einzug der preußischen Armee in Berlin am 17. August versäumte.

Fast zwei Monate verbrachte August ausschließlich mit Reisen. Und als er endlich nach Berlin zurückkehrte, geschah es nur, um erneuten Abschied von den Seinen zu nehmen, denn am 30. September traf er bereits in Wien ein. Hier kamen für ein halbes Jahr die Souveräne und Diplomaten aller Länder zusammen, um Europa nach den napoleonischen Veränderungen und den Erschütterungen der letzten Jahre eine, wie man zuversichtlich hoffte, langdauernde, wenn nicht endgültige Gestalt zu geben, wobei jedes Land bestrebt war, entweder an Land und Leuten oder aber an Einfluß und Ansehen zu gewinnen. So begann ein zähes Ringen zwischen den Siegern, dem unterlegenen Frankreich und den vielen kleineren Fürstentümern, die sich neben den großen zu behaupten suchten. Als besonders heikle Fragen erwiesen sich die sächsische und die polnische, die sich unglücklicherweise auch noch miteinander verzahnt hatten, da der Zar, der einen Teil des preußischen Polens beanspruchte, Preußen mit dem eroberten sächsischen Gebiet entschädigt sehen wollte, wogegen sich besonders Österreich und Frankreich entschieden wandten.

Die Verhandlungen, die Fürst Metternich leitete, fanden zwar eigentlich zwischen ihm, Fürst Hardenberg, Graf Nesselrode, Lord Castlereagh und Fürst Talleyrand, der elegant darüber hinwegging, daß er schon Napoleons Außenminister gewesen war, statt, doch wurden die feinen diplomatischen Gespinste, in denen die zukunftsweisenden Fragen Legitimitätsprinzip und europäisches Gleichgewicht verwoben waren, häufig durch grobes Hineingreifen der Souveräne zerstört oder mindestens verwirrt. So war es den Diplomaten aller Länder viel lieber, wenn ihre hohen Gebieter das taten, was sie selbst auch nicht gerade verschmähten, nämlich sich nach Kräften amüsieren. Denn Wien füllte sich Tag für Tag mehr mit Zaungästen: regierende und entthronte Fürsten, Künstler, Kaufleute, Damen der internationalen Gesellschaft, sensationshungrige Müßiggänger aus aller Welt strömten zusammen, um aus dem Kongreß Gewinn zu ziehen, ihr Glück zu machen oder einfach dabei zu sein. Der österreichische Kaiser tat sein Möglichstes, um seine Gäste zu unterhalten, und jedes vornehme oder auch nur wohlhabende Haus in Wien eiferte ihm nach, so daß eine ununterbrochene Kette von Bällen, Diners, Theateraufführungen, Paraden, Jagden und Schlittenpartien über die Uneinigkeit der Verbündeten von gestern hinwegtäuschte.

Prinz August hatte in Wien als Offizier, obwohl Mitglied der preußischen Delegation, keinerlei amtliche Funktion; er war dazu da, Preußen würdig zu vertreten, und genoß nach Monaten des Lagerlebens die Annehmlichkeiten einer kultivierten Umgebung, wohlschmeckende Speisen und eine Geselligkeit, in der die Damen nur darauf warteten, Huldigungen aller Art entgegenzunehmen.

Das Haus, das Prinz August beinah täglich aufsuchte, war das der Herzogin Wilhelmine von Sagan, einer geborenen Prinzessin von Kurland, in Schlesien begütert, geschieden, Parteigängerin Preußens und von vielen als besonders reizvoll und liebenswürdig gerühmt. Ihr Salon war insofern einer der interessantesten, als außer ihren preußischen Freunden auch Metternich häufig erschien – ihm wurde nachgesagt, er beschäftige sich mehr mit der schönen Herzogin als mit den Angelegenheiten des Kongresses – sowie sein Gegenspieler Talleyrand, als Mitglied der Familie sozusagen, da dessen angeheiratete Nichte Dorothea von Périgord die jüngste Schwester der Herzogin war. Natürlich wurde in diesem Kreise auch über Politik gesprochen, aber nicht anders als im Stile gefälliger und geistreicher Konversation. Man war zu gut erzogen, um seine wahren Gedanken zu enthüllen.

Noch besser gefiel August der Kongreß, nachdem er eine junge Dame kennengelernt hatte, deren Erscheinen Aufsehen erregte: Lady Emily Rumbold, Tochter des verstorbenen Sir George B. Rumbold, war nicht nur besonders hübsch, sondern auch sehr wohlhabend. Zusammen mit ihrem exzentrischen Stiefvater, dem Admiral Sir Sidney Smith, der seine Gäste nach fürstlicher Bewirtung am Ende selbst ihr Diner bezahlen ließ, bewohnte sie zwei kleine Zimmer, in denen sich häufig Dutzende von Menschen drängten, und wer nicht hineingelangte, ließ sich auf der Treppe vor der Wohnungstür nieder. Aufgrund seiner häufigen Besuche kamen schon bald Gerüchte auf, August wolle diese Engländerin heiraten, Gerüchte, die sowohl in England bei Prinzessin Charlotte wie auch in Frankreich bei Juliette Kummer und eifersüchtigen Zorn auslösten. Madame Récamier beklagte sich bei August über seinen Mangel an Treue, auf die sie eigentlich keinen Anspruch hatte, und er antwortete ziemlich gereizt, es handele sich um müßigen Klatsch und sie solle doch ihm mehr glauben als unbestätigtem Gerede.

Mittlerweile gingen Wochen und Monate dahin, die Delegierten klagten über die endlosen Abende, die ihnen die Nächte vor den morgendlichen Sitzungen verkürzten, die Wiener murrten über die allgemeine Teuerung. Beethoven ein Konzert dirigieren zu hören, dem Zaren und seinen Schwestern im Gedränge der Spaziergänger auf den Wällen auf die Füße zu treten oder andere hochgeborene Herren, August nicht ausgenommen, in den entlegensten Stadtteilen – natürlich incognito – in Gesellschaft von auch nicht eben billigen Straßenmädchen anzutreffen, bot keinerlei Sensation mehr. Immer noch gab es Bälle und Feste, und jeden Abend führte eine neue Veranstaltung dieselben Menschen zusammen wie am Abend vorher. Man begann allgemein, ein wenig müde zu werden, selbst Kaiser Franz konnte dem ihm täglich vorgelegten Geheimbericht über das Treiben seiner Gäste nichts Neues mehr entnehmen, und die Verhandlungen selbst waren so festgefahren, daß ein neuer Krieg bevorzustehen schien. Schon wurden Marschpläne entworfen und besprochen, da gaben in letzter Minute die widerspenstigen Parteien – Rußland und Preußen – nach, durch den Übergang Englands auf die Seite der anderen ernüchtert.

Im Frühjahr 1815 hatte der Kongreß acht Millionen Gulden verschlungen, und die meisten Teilnehmer dachten an die Heimreise. Da erhielt Metternich am 7. März 1815 eine Nachricht, die alle Zwietracht augenblicklich zum Schweigen brachte: Napoleon hatte die Insel Elba verlassen, und niemand wußte, wo er sich aufhielt. Wohin er wollte, war den Verbündeten jedoch klar, sie vergaßen ihre Meinungsverschiedenheiten, erließen eine Achterklärung und setzten ihre Armeen erneut in Marsch.

Napoleon, dessen gute Verbindungen nach Frankreich während seiner Verbannung niemals abgerissen waren, hatte den Zeitpunkt seiner Rückkehr so gewählt, daß die Unzufriedenheit mit der neuen bourbonischen Regierung gerade so weit gediehen war, daß seine jahrelangen Feldzüge darüber in Vergessenheit gerieten, und marschierte mit seinen wenigen getreuen Truppen nordwärts. Was sich ihm entgegenstellen wollte, ging zu ihm über, und wie er es vorausgesagt hatte, war er am 20. März abends in Paris, begeistert empfangen und anscheinend am Beginn einer neuen Epoche seiner Regierung. König Ludwig XVIII. hatte die Stadt am Abend vorher verlassen. Ungefähr zur selben Zeit machte Prinz August in Wien seinen Abschiedsbesuch bei Kaiser Franz, der sich gleichgültig gab: „Wenn die Franzosen den Napoleon wollen, so muß man ihn ihnen halt lassen", bemerkte er zu dem Preußen, der diese Ansicht gewiß nicht teilte.

In einem Brief, den der Prinz kurz darauf von Berlin aus an Juliette richtete und in dem er sich für ein Geschenk für seine kleine Tochter bedankte, nannte er Napoleon und seine Anhänger „eine Horde Briganten" und bot Juliette ein Asyl in Berlin an, falls sie sich in Frankreich zu unsicher fühlen sollte. Im übrigen freute er sich darauf, wieder in ihre Nähe zu kommen, wenn auch in Begleitung einer Armee.

Am 12. April wurde dem Prinzen „das Oberkommando über die gesamte Artillerie und die Leitung der Belagerungen, welche zu erwarten stehen", übertragen. Zum ersten Mal sollte er nun diejenige Waffe selbst zum Einsatz bringen, für deren Verbesserung er bisher tätig gewesen war. Damit befehligte er 72 Batterien mit 608 Geschützen, dazu Parkkolonnen sowie eine Handwerks- und eine Laboratoriumskolonne.

Feldmarschall Blücher bestimmte für die Belagerungen das 2. preußische Armeekorps und das norddeutsche, aus Bundestruppen gebildete Armeekorps. Er selbst strebte mit seiner Armee Paris zu, bis er bei Ligny von Napoleon gestellt und geschlagen wurde. Das Ausbleiben der Engländer, auf deren Hilfe man rechnete, verschaffte dem Kaiser noch einmal einen Triumph über seine Gegner.

Da er die Vereinigung von Blüchers und Wellingtons Heeren unbedingt verhindern wollte, zwang er die Engländer zwei Tage später bei Waterloo zur Schlacht. Der Herzog, der sich auf die Zusage Blüchers verließ, ihm unter allen Umständen zur Hilfe zu kommen, wehrte sich mühsam und verbissen gegen die

Franzosen, bis am frühen Nachmittag endlich die Preußen erschienen. Waren sie auch zu Tode erschöpft vom Marsch auf den aufgeweichten Straßen, blieben doch am Abend die Verbündeten die Sieger dieser letzten Schlacht gegen Napoleon. Er verließ das Heer, seine Herrschaft über Frankreich und Europa war beendet.

Aber noch war der Krieg nicht zu Ende. Während Napoleon sich in Paris gegen die Versuche der Kammern wehrte, ihn loszuwerden, begab sich Prinz August daran, seinem Auftrag gemäß die französischen Festungen zwischen Meuse und Sambre zu belagern. Seit der Mitte des 17. Jahrhunderts pflegte man den Festungskrieg nach dem Schema des Franzosen Vauban wie ein Rechenexempel zu betreiben.

Zunächst galt es, die feindliche Festung mit den eigenen Truppen so eng zu umschließen, daß weder Menschen noch Lebensmittel oder Waffen hineingelangen konnten. Dann wurden in 2–3 km Entfernung, möglichst in einer Nacht, die Geschütze in Stellung gebracht und durch kräftiges Bombardieren die Kraft der Verteidiger gemindert und ihre Ausdauer untergraben. Gleichzeitig hatten die Soldaten die sogenannten Parallelen anzulegen, Laufgräben, die in verschiedenen, möglichst geringen Abständen parallel zu den Festungsmauern verliefen und dazu bestimmt waren, den Angreifern Deckung zu gewähren und die Ausgangsstellung für den Sturmangriff zu bilden. Weitere zickzackförmig verlaufende Laufgräben verbanden die Parallelen untereinander und mit den rückwärtigen Stellungen und erlaubten das Heranschaffen von Sturmmaterial und Nachschub aller Art.

Hatte das Bombardement genügend Breschen geschlagen oder Magazine in Brand gesetzt, wurde gestürmt; voran gingen Schützen, die den nachfolgenden Pionieren Feuerschutz gaben, die Pioniere schlugen Brücken über Gräben und legten Leitern an, auf denen endlich die Sturmkolonnen die Mauern überwanden und, ging alles gut, die Sturmfahne aufpflanzten.

Bei diesen verschiedenen Vorkehrungen verfuhr man noch mit großer Bedachtsamkeit und legte mehr Wert auf sicheren Erfolg als auf Bravour; man spielte ein ehrliches Spiel, dessen Regeln allen bekannt und in dem nur die Anzahl der Soldaten und Geschütze und die Ausstattung der Festung unbekannte Größen waren.

Am 21. Juni forderte August den Kommandanten von Avesnes zur Übergabe auf. Er weigerte sich, worauf man die Festung umschloß und sie kräftig zu beschießen begann.

Als eine preußische Granate in das Pulvermagazin der Stadt einschlug, erklärte sich die Besatzung gegen 2 Uhr morgens zur Übergabe bereit. Die Belagerer fanden große Vorräte, die sowohl für die eigenen Soldaten als auch für Blüchers Heer, das sich weit von jeder Nachschublinie entfernt hatte, sehr nötig waren.

Nach diesem schnell errungenen Anfangserfolg stand August am 24. 6. mit seinem Korps vor Maubeuge, das den Weg von Mons nach Paris versperrte. Deshalb machte er sich auf eine langwierige Belagerung gefaßt. Aber nach zwei Tagen hatten die Franzosen ihre Munition verschossen und kapitulierten.

Während Blücher und Wellington längst in Paris eingetroffen waren, folglich auch der französische König und die Diplomaten dabei waren, einen neuen Frieden auszuhandeln, mußte Prinz August seinem Befehl gemäß weiter eine Festung nach der anderen belagern und erobern. Er tat es mit der gewohnten Hingabe, so eintönig die Wiederholung des immer gleichen Verfahrens auch sein mochte. Vielmehr machte es ihm Freude, es ein wenig abzuwandeln und möglichst zu verbessern. Schnelligkeit schien im wichtiger als allzu große Vorsicht. So ließ er seine Truppen und Geschütze den Mauern sofort so nah wie möglich rücken, führte die Laufgräben, wenn es irgend ging, in der ersten Nacht bis dicht vor das Glacis und trug mit diesen Maßnahmen eine solche Gleichgültigkeit gegenüber den Verteidigungsmöglichkeiten der Festung zur Schau, daß dem Kommandanten tatsächlich wenig Spielraum zu wirksamer Gegenwehr blieb.

Nebenbei wurden Details verbessert. Man stellte fest, daß eingepuderte Kugeln sicherer Feuer fingen und daß die Pferde auch hinten beschlagen sein sollten. August nahm sich der Einzelheiten wie stets mit großer Energie an. Nach dem Fall von Landrecis schrieb er Juliette, daß er hoffe, daß sie sich über die preußischen Siege freue, da er ja nur gegen Bonaparte, nicht aber gegen die Franzosen Krieg führe. Landrecis kapitulierte am 21. 7., es folgten Marienbourg am 31. 7., am 8. August Philippeville, am 18. 8. Rocroy, am 13. August wurde die Stadt Mezière besetzt, was den Fall ihrer Zitadelle am 1. September zur Folge hatte.

Doch hier riß die Kette der raschen Erfolge zunächst ab. Denn die Festung Givet, der man sich nun zuwandte, bestand eigentlich aus den drei Festungen Givet, Mont d'Haure und Charlemont. Die Anlage galt als unbezwinglich, August selbst nannte sie „Frankreichs Gibraltar", und seine Ingenieur-Offiziere hielten alle Sturmversuche von vornherein für wirkungslos. Am 11. September räumte der Kommandant Givet und den Mont d'Haure und zog sich mit seinen Leuten auf Charlemont zurück. Wenig später ergaben sich Montmédy und Longwy, und Sedan folgte fast unmittelbar danach. Juliette wurde von diesen Vorgängen unterrichtet, doch gab sie August deutlich zu verstehen, daß sie seine Erfolge in ihrem Land nicht schätzte. Er ging jedoch darüber hinweg mit der Bemerkung, daß „er den Ruhm zu erringen trachte, den sie doch liebe".

Als er nach Givet zurückkehrte, waren die Vorbereitungen zum Bombardement beendet, 62 Geschütze richteten sich auf Charlemont. Zudem war ein Stollen in den Felsen getrieben worden, um womöglich durch Minen den Brunnen zu zerstören und so den Belagerten das Wasser zu entziehen. Doch Charlemont blieb unerobert, denn die am 28. September eintreffende Nachricht vom Waffenstillstand, der dann in den Zweiten Pariser Frieden überging, beendete sofort alle Belagerungsarbeiten und Feindseligkeiten gegen die französischen Truppen.

Bis zum 14. Oktober hielten August seine Kommandeurspflichten noch in Givet fest. Daß am 10. Juni in Berlin seine Tochter Emilie geboren worden war, hatte er erfahren, aber jetzt richteten sich seine Gedanken nicht auf seine Familie. Am 17. Oktober traf er wieder in Paris ein. Und Paris hieß für ihn immer noch Juliette.

Doch war diesmal nicht nur der gewohnte Schwarm von Freunden und Bekannten zu vertreiben, sondern auch ein sehr ernst zu nehmender Rivale: Monsieur Benjamin Constant, dessen funkelnder Geist schon Madame de Staël einige Jahre gefesselt hatte und der nun Juliette zu Füßen lag. Juliette schätzte zweifellos den aparten Kontrast, den der gleichzeitige Umgang mit dem Schriftsteller und dem Prinzen ihr bot, beiden gewährte sie gelegentlich das Vorrecht, sie allein zu sehen. August trug insofern einen Sieg davon, als Constant Ende des Monats Paris verlassen mußte und er Juliette eine Zeitlang für sich haben konnte, doch nicht ohne wiederum gekränkt zu empfinden, daß sie nicht bereit war, mehr zu tun, als sich von ihm anbeten zu lassen. So folgte er den Einladungen, die an ihn ergingen, speiste mit Herzoginnen und Generälen, wohnte der ersten Sitzung des Kriegsgerichtsprozesses bei, in dem Marschall Ney für seinen Übertritt zu Napoleon später zum Tode verurteilt werden sollte, und mußte schließlich Mitte November die Heimreise antreten. Mit der Entfernung von Juliette verblaßte die Erinnerung an ihre Zurückweisungen wieder, nur ihr Liebreiz haftete in seinem Gemüt. Um Weihnachten herum schlug er ihr ein Treffen in Spa oder Aachen für das Jahr 1816 vor und sprach von ihrer „Zuneigung, die so notwendig zu seinem Glücke sei".

Das Jahr 1815 schien die Zeit der großen Veränderungen zunächst zu beenden. Der Eroberer war gestürzt, die Soldaten kehrten heim, und die Schlußakte des Wiener Kongresses war von seinen Mitgliedern schließlich angenommen worden. Die Menschen sehnten sich nach den verlust- und opferreichen Jahren nach Ruhe. Doch mußten sie schon bald feststellen, daß es damit nichts wurde. Zwar verlor sich der Schwung der Volkserhebung in den Mühen der Nachkriegszeit, aber die neuen Ideen blieben lebendig. Die Bürger waren in der allgemeinen Achtung gestiegen, die studentische Jugend hoffte auf die Einlösung des königlichen Verfassungsversprechens, während die Offiziere mit neugestärktem Selbstbewußtsein sich angesichts der milden Behandlung Frankreichs um ihren Lohn betrogen fühlten und reaktionären Bestrebungen zuneigten. Den einen waren die Errungenschaften der französischen Revolution noch nicht genug, die anderen hätten gern die Uhr um 30 Jahre zurückgestellt. Immerhin erwachte der Gedanke an eine Vereinigung aller Deutschen, die ersten Romantiker kamen zu Wort, Wissenschaften und Künste belebten sich. Noch war nicht abzusehen, wohin die allgemeine Aufbruchstimmung führen würde.

Mit dem Jahr 1815 endete auch für den preußischen General der Infanterie, Prinz August von Preußen, die spannende und unruhige Zeit der Feldzüge. Er, der noch 1798 sehnsüchtig die Erfolge seines Bruders Louis im Rheinfeldzug verfolgt hatte, kehrte als erfahrener Truppenführer mit der Aura eines Helden aus dem besiegten Frankreich zurück. Er war jetzt 36 Jahre alt, mehr denn je mit Leib und Seele seinem soldatischen Beruf ergeben, teilhaftig am neuerworbenen Ruf der preußischen Armee. Es folgten Jahre, sogar Jahrzehnte der verantwortungsvollen, wenn auch gleichförmigen Tätigkeit.

Die Bedeutung der Artillerie als wichtiger Teil einer schlagkräftigen Armee war ständig gestiegen. Da man nach den Freiheitskriegen allgemein dazu überging, die Truppen nicht auf einer einzigen, sondern auf verschiedenen Straßen gegen den Feind zu führen, mußte jede Waffe und besonders die Geschütze so beweglich wie möglich sein. Andererseits erforderte getrenntes Operieren ohne die Möglichkeit schneller Nachrichtenübermittlung große Selbständigkeit der einzelnen Korpsführer.

Offiziere und Waffen der Artillerie ständig auf dem modernsten Stand zu halten, war Augusts Aufgabe, der er mit Hilfe der verschiedenen ihm unterstellten Einrichtungen gerecht wurde.

Mit technischen Fragen beschäftigten sich die „Artillerie-

Prüfungskommission zur Prüfung von technischen Neuerungen", die Artillerie-Werkstätten, die Feuerwerksabteilung und die verschiedenen Pulverfabriken. Daneben gab es noch eine „Kommission zur Prüfung militärisch-wissenschaftlicher und technischer Gegenstände". Für Versuche mit neuen Geschützen erbat der Prinz gelegentlich vom König besondere Geldbeträge, und alle Versuchsresultate wurden sämtlichen Artillerieoffizieren zu ihrer Belehrung und weiterer Anregung mitgeteilt. Jeder, der mit einem Verbesserungsvorschlag zum Generalinspekteur kam, und wenn es sich auch nur um die Einführung von Signalhörnern anstelle der oft überhörten Trommeln handelte, konnte sicher sein, ein offenes Ohr zu finden. Für den Wissensstand der Offiziere war die „Prüfungskommission für Artillerie-Premier-Leutnants" und schließlich die 1816 gegründete „Vereinigte Artillerie- und Ingenieur-Schule" verantwortlich, zu der die junge, eben zum Offizier beförderte Artilleriefähnriche auf zwei – später auf ein – Jahre abgeordnet wurden, um sich im Geiste Scharnhorsts außer in Mathematik, Physik und Chemie in Spezialfächern wie Feldbefestigung, Angriff und Verteidigung von Festungen, militärischem Zeichnen, aber auch in Geschichte, deutschem Stil und Französisch zu vervollkommnen und am Ende des Kurses ein Examen abzulegen.

Zunächst waren die Schüler – 80 Artilleristen und 20 Ingenieure – höchst unzulänglich und eng im alten Gießhaus hinter dem Zeughaus untergebracht. Als die Artilleriewerkstätten aber verlegt wurden, schlug Prinz August gleich vor, hier auf dem Gelände des Pontonhofes an der durch zwei neu anzulegende Straßen gebildeten Ecke ein neues Gebäude errichten zu lassen, und ließ sich auch von Schinkel eine Skizze dafür anfertigen. Schinkel sah zwei sechseckige Klassenräume und einen großen Hörsaal sowie Bibliotheks- und Modellsaal vor.

Doch erst 1822 kam es zu einem Neubau auf einem anderen Grundstück, Unter den Linden 74. Die Pläne führte ein Ingenieur-Hauptmann aus, aber es gelang Prinz August, wenigstens für die Gestaltung der Schauseiten zu den Linden hin Schinkels Mitarbeit zu sichern.

Gleich zu Beginn des Jahres 1816 erfuhr das Gros der Artillerie noch einmal eine Neueinteilung: sie bestand nun aus neun Brigaden zu je zwölf Fuß- und drei reitenden Kompanien, jede Brigade hatte 73 Offiziere sowie 1350 Unteroffiziere und Gemeine zur Verfügung, dazu ungefähr 450 Pferde und schließlich 540 Geschütze. Die Brigaden wurden auf die Provinzen verteilt, zwei kamen an den Rhein, je eine nach Westfalen, Sachsen, Schlesien, Posen und Ostpreußen, zwei nach Brandenburg, wo auch die neunte, die Gardeartilleriebrigade, stationiert wurde.

Einen größeren Teil seiner Zeit mußte Prinz August fortan daran wenden, diese neun Brigaden regelmäßig zu inspizieren, und zwar abwechselnd in einem Jahr die vier westlichen, im nächsten die vier östlichen. Die Gardebrigade wurde jährlich in diesen Rhythmus einbezogen. Gewöhnlich fanden die Besichtigungen im Juli oder jedenfalls im Sommer statt, für jede Brigade waren vier Tage vorgesehen. In dieser knappen Zeit überzeugte sich der Prinz vom Zustand von Menschen, Waffen und Gerät, besichtigte Unterkünfte, ließ schießen und exerzieren, hielt Prüfungen ab, in denen Unteroffiziere und Gemeine ihre Kenntnisse vom Festungskrieg und aller dabei notwendigen Techniken beweisen mußten, sah Übungen aller Art zu und bewies vom ersten bis zum letzten Augenblick das gewohnte rege Interesse, woran er es in den 27 Jahren dieser Besichtigungsreisen niemals fehlen lassen sollte.

Alles lief mit äußerster Präzision ab, nicht ohne Angst auf Seiten der Offiziere und Soldaten vor der Genauigkeit ihres höchsten Vorgesetzten, mit der er nach den Anstrengungen des Tages auch seine Beobachtungen niederschrieb. Gelang es ihm, durch möglichste Straffung des Programms, wobei er auch die Sonntage nicht ausließ, die Inspektionen schneller als vorgesehen zu beenden, gönnte er sich ein wenig Erholung, meist einen Jagdaufenthalt in irgendeiner wildreichen Gegend. Erst im Oktober pflegte der Prinz zum Beginn der Saison und zu den Herbstmanövern nach Berlin zurückzukehren.

Auf besonderen Wunsch Augusts verlieh Friedrich Wilhelm III. im Mai 1816 als Zeichen seiner Zufriedenheit jeder Artilleriebrigade erstmals eine eigene Fahne, ähnlich wie die Infanteriefahnen, weißgrundig für die Gardebrigade, schwarzgrundig für die übrigen Brigaden, wodurch sie auch in diesem Punkt den übrigen Waffengattungen gleichgestellt wurden.

Gartenpavillon (von 1735). Foto von 1940.

Friedensjahre

9 Hausherr und Gastgeber (1816–19)

Im ersten Winter nach dem endgültigen Friedensschluß öffneten die gastlichen Häuser Berlins weit ihre Türen, und Fest folgte auf Fest. Die Gesellschaft hatte das Bedürfnis, sich für alle entgangenen Vergnügungen zu entschädigen, und eine neue Generation war herangewachsen, die das Bild auf den wechselnden Schauplätzen belebte. Da waren des Königs eigene fast erwachsene Töchter Charlotte und Alexandrine, ihre Kusine Friederike, dann die Enkelinnen des Staatskanzlers Hardenberg, die schöne Gräfin Brandenburg, eine Tochter Friedrich Wilhelms II., die Ehefrauen und Töchter der Minister und Diplomaten, der schneidige Natzmer, einst Adjutant Louis Ferdinands, einstimmig für unwiderstehlich erklärt, die Prinzen von Hessen-Homburg, Brüder von des Königs Schwägerin Marianne, und als Besucher gelegentlich Prinz Leopold von Sachsen-Coburg, der Bräutigam Prinzessin Charlottes von England und spätere König von Belgien, dazu all die Kleists und Arnims, Goltz' und Bülows, und wer sonst dazugehörte.

Zum Glück war Prinz August ein ausgezeichneter Tänzer, denn der König legte viel Wert auf diese Kunst, die seine Gemahlin so vollendet beherrscht hatte. Wenn er nach Mitternacht dann nach Hause kam, blieben nur wenige Stunden, bis ein noch viel ausgefüllterer Tag seine tätige Aufmerksamkeit erforderte. Seine Mutter erwartete ihn zum kurzen Morgenbesuch, die Artilleriegeschäfte drängten sich, und die prinzliche Domänenkammer mit ihren elf Bediensteten unter der Leitung des Kammerdirektors Rabe verlangte nach seiner Anwesenheit. Zur Mittagszeit pflegte er wie auf seinen Besichtigungsreisen einige seiner Offiziere an seiner Tafel zu versammeln, das Zusammensein mit ihnen erinnerte ihn an die Kriegsjahre mit ihrer kameradschaftlichen Zwanglosigkeit. Nachmittags wurden weitere Geschäfte erledigt, Besucher empfangen und Briefe geschrieben, auch fuhr er, wenn es irgend möglich war, zu Friederike und verbrachte eine Stunde im Kreis der Kinder. Um ihnen einen angemessenen Platz in der Gesellschaft zu verschaffen und auch um Friederikes Lage zu verbessern, hatte August es durchgesetzt, daß sie am 28. September 1810 zur Frau von Waldenburg erhoben worden war und die Kinder nun ebenfalls diesen Namen trugen.

Ein häufiger Gast war er im Hause seiner Schwester, deren Mann neuerdings nicht nur als Musikliebhaber sondern auch als Komponist hervortrat. Die Uraufführung seiner Vertonung von Goethes „Faust" fand in Anwesenheit des Hofes in Schloß Monbijou statt, und August besuchte auch die folgenden Aufführungen.

Seine beiden älteren Neffen hatten schon am letzten Feldzug in Frankreich teilgenommen, und der jüngere, Ferdinand, große Heiterkeit durch das Andenken hervorgerufen, das er seiner Mutter davon mitbrachte, nämlich Napoleons silberne Wärmflasche, die er aus dessen im Stich gelassenen Gepäck erworben hatte. Seine Schwester Elisa war zwar mit ihren 13 Jahren noch ein Kind, doch versprach sie schon jetzt eine außergewöhnliche Erscheinung zu werden, blond und seelenvoll, und nicht nur die Augen ihrer stolzen Mutter folgten ihr mit Wohlgefallen. Sie war unzertrennlich verbunden mit ihrer Pflegeschwester und Kusine Blanche, der Tochter Louis Ferdinands, inzwischen auch zu einem hübschen blonden Mädchen herangewachsen. Zusammen mit ihren königlichen Vettern und Kusinen bildeten sie eine unbekümmert fröhliche Gruppe.

Dem Radziwillschen Palais schräg gegenüber lag Augusts eigenes, eines der mehr oder weniger prachtvollen Adelssitze, die die Wilhelmstraße, Verbindung der Leipziger Straße mit den

Linden, säumten. Das zweigeschossige Gebäude Nr. 65 erstreckte sich mit 19 Fensterachsen breit genug etwa in der Mitte des Straßenzuges. Vor dem etwas höheren Mittelbau schwang sich eine Rampe mit Eisengitter entlang, und zwei hohe Durchfahrten in den erst von Prinz Ferdinand erbauten Seitenpavillons führten zu den dahinterliegenden Höfen, die rings von schmalen Dienerschafts-, Küchen- und Stalltrakten umschlossen wurden. Zwischen den Flügeln lag ein Garten, der sich allerdings nicht so lang hinzog wie der der Radziwills.

Hier führte August nun zum ersten Mal einen eigenen, seinem Rang angemessenen Haushalt. Die Stelle eines Hofmarschalls blieb allerdings zunächst offen, in die anstehenden Geschäfte teilten sich drei Adjutanten und zwei Sekretäre, von denen einer Louis Uhde war, der zugleich das Privatvermögen des Prinzen mitverwaltete. Um sein leibliches Wohl kümmerten sich zwei Kammerdiener und der zum Leibarzt avancierte Leo sowie zwei Mundköche, ein Kellermeister und ein Konditor. Silberdiener und Stallmeister und eine gehörige Anzahl von Lakaien, Kutschern, Aufwaschfrauen, Kastellanen, Stubenmädchen, Vorreitern, Pferdeburschen, Küchenjungen und Gärtnern wirkten unauffällig, doch wohltuend für das Behagen des Hausherren.

Doch war der Prinz mit seinem Wohnsitz noch keineswegs zufrieden. Bot schon sein Äußeres nichts Bemerkenswertes, so erschienen ihm die Räume im Innern altmodisch und unbewohnt, heitere Stimmung konnte sich darin kaum einstellen, und die düster-steifen geselligen Zusammenkünfte bei der Prinzessin Ferdinand waren besonders bei den jüngeren Mitgliedern des Hofes gefürchtet.

So hatte August schon während seines Aufenthaltes in Paris beschlossen, das immer noch unvollendete Obergeschoß des Palais' für sich ausbauen zu lassen. Ihm schwebte eine „zwar nicht prachtvolle, aber höchst anständige und geschmackvoll dekorierte" Wohnung vor, und um dieses Ergebnis zu sichern, verwies er seinen Bauinspektor Schulze an die unbestrittene Autorität im Berliner Bauwesen, an Karl Friedrich Schinkel, damals Ober-Bau-Assessor und vielbeschäftigter Architekt, Bauaufseher, Innenarchitekt und Baubeamter in einer Person. Er baute für den König, für Hardenberg, für die Minister, für die Söhne des Königs, seit er als begabtester Schüler die Königliche Bauschule absolviert hatte und durch Vermittlung Wilhelm v. Humboldts bei der Ober-Bau-Deputation angestellt worden war, mit dem ausdrücklichen Auftrag, für den Hof zu arbeiten. Da er ein überaus umgänglicher Mann war und seine Vorstellungen dem jeweiligen Bauherrn bis in die kleinste Einzelheit genau zu schildern und geduldig zu erläutern pflegte, häuften sich die Aufträge auf seinem Arbeitstisch, und er mußte den Auftrag Prinz Augusts zunächst zurückstellen, zumal ihm die Grundrisse der Räume nicht gleich übergeben wurden und die Prinzessin Ferdinand sich unverständlicherweise geweigert hatte, irgend jemand die unausgebauten Räume betreten zu lassen.

Aus Paris brachte August Entwürfe eines französischen Architekten für die Ausstattung seiner Wohnung mit, die er Schinkel aushändigen ließ, und trieb ihn durch mahnende Briefe zur Eile, wobei er zugleich die Höhe der Kosten auf 15 000 Taler begrenzte. Einstweilen mußte er sich aber in seinen alten Zimmern behelfen, auch wenn die unebenen Böden dazu führten, daß auf seinem ersten glanzvollen Ball im Winter 1816 mehrere Tanzpaare beim Walzer über die aufgeworfenen Hölzer stolperten und hinfielen, was die Betroffenen weniger amüsierte als den Gastgeber.

Zur Sparsamkeit bestand für August eigentlich kein Anlaß. Drei Jahre nach dem Tod des Prinzen Ferdinand hatten seine Erben, August und Luise Radziwill, über seinen Allodialnachlaß einen Vertrag geschlossen, der vorsah, daß Luise Radziwill die Zinsen eines für ihre Kinder bestimmten Kapitals von 240 000 Talern, eine jährliche Rente von 6000 Talern und eine bare Summe von 50 000 Talern erhalten, im übrigen aber auf alle weiteren Ansprüche verzichten sollte. Dafür übernahm ihr Bruder als Alleinerbe alle verbleibenden Kassenbestände und auch alle Lasten, aber mit der beruhigenden Einschränkung, nicht für Schulden haften zu müssen, die den Allodialnachlaß übersteigen und damit Zahlungen aus seinen übrigen Einkünften erfordern würden.

Tatsächlich waren Prinz Ferdinands Schulden höher gewesen als sein Privatbesitz, und August hatte daher anfangs die Erbschaft überhaupt ausschlagen wollen, was der König jedoch untersagt hatte. Vielmehr ordnete er an, im Zuge dieser Erbschaftsregelungen ein für allemal vertraglich festzustellen, welche Besitzungen zum Fideikommiß des Königlichen Hauses und welche zum Allodialbesitz Prinz Ferdinands und damit nun auch seines Sohnes gehörten. Eindeutiger Fideikommißbesitz waren die Ämter und Güter Rheinsberg in der Mark, Gladau, Nedlitz und Wormlitz im Magdeburgischen, Fürstenau in der Neumark und Gramschütz, Obisch und Oels in Schlesien, die zusammen jährlich etwa 80 000 Taler einbrachten. Über die Ämter Niegripp, ebenfalls bei Magdeburg, und die Herrschaft Wusterhausen gab es Unstimmigkeiten, die schließlich 1819 durch einen Vergleich zwischen der Krone und Prinz August beigelegt wurden, indem der Prinz statt der eigentlichen Erträge für das eine eine jährliche Rente von 12 000, für das größere Wusterhausen von 50 000 Talern erhielt. Umgekehrt wie mit diesen beiden Besitzungen verhielt es sich mit den sogenannten Mansfeldischen Gütern, zu denen Möllendorf, Rödgen, Groß-Oerner, Hedersleben, Schraplau, Etzdorf und Schlagenthin, letzteres aber in der Mark gelegen, zusammen etwa 780 000 Taler wert, zählten. Sie wurden als nicht zum Fideikommiß gehörig befunden und somit Privatbesitz des Prinzen, ebenso wie die beiden Güter, die er später noch erwarb. Zusammen mit den Zinsen seines sonstigen Kapitals trugen sie ihm jährlich ungefähr 60 000 Taler ein.

Neben diesen beträchtlichen Einnahmen aus seinem Landbesitz, der insgesamt einen Wert von einigen Millionen Talern verkörperte, nahmen sich die übrigen fast kärglich aus: 6000 Taler im Jahr standen ihm als Mitglied des Königshauses als Apanage zu, weitere 5800 erhielt er an Sold als General der Infanterie, wozu später noch rund 2500 Taler als Chef der Artillerie kamen.

So ergab sich insgesamt ein Einkommen von mindestens 200 000 Talern jährlich – eine riesenhafte Summe in einem Land, in dem sich die meisten Einwohner mit einigen hundert Talern begnügen mußten und einige tausend schon ein mehr als standesgemäßes Leben ermöglichten.

Natürlich waren auch die Ausgaben des Prinzen hoch. Das Palais Bellevue und die Wilhelmstraße 65 sowie die übrigen Häuser und Wohnungen verursachten hohe Kosten. Doch konnten die Besoldung aller seiner Bediensteten in Berlin und auf den Gütern, soweit sie nicht verpachtet waren, die Pensionen, die zu zahlen waren, die Instandsetzung der Gebäude und die laufenden Kosten für Nahrung und Gebrauchsgüter ein Einkommen dieser Höhe nicht erschöpfen. So betätigte sich der Prinz auch als Bankier, kaufte Wertpapiere und gab Kredite, immer bestrebt, das üppig strömende Kapital noch ertragreicher zu machen. Doch zeigte er sich auch bei wohltätigen Zwecken großzügig und hatte gleich nach Beendigung des Feldzuges von 1815 den völlig arbeitsunfähigen Invaliden aus seinen Korps jährliche Renten ausgesetzt.

Doch nie verleitete ihn sein Vermögen zu unüberlegten Geldausgaben, und wo er sparen konnte, ohne sich in der Öffentlichkeit allzu viel zu vergeben, tat er es. Schlechthin geizig zu werden, hinderte ihn wiederum sein Hang zur Vollkommenheit und Vorzüglichkeit, der sich auf alles erstreckte, was zu ihm gehörte, Menschen nicht ausgenommen. Das Beste stets zum geringstmöglichen Preis zu erhalten, war sein ständiges Bestreben, ganz gleich, ob es sich um ein Dessert für seine Tafel oder um ein Geschenk für seine Kinder handelte.

Die Verwaltung seines Besitzes, die Prinzliche Domänen-Kammer, befand sich am Wilhelmplatz 8, wo auch der Kammerdirektor, Herr Rabe, der seit 1806 schon dem Prinzen Ferdinand gedient hatte, seine Dienstwohnung hatte. Ihm standen drei weitere Kammerräte zur Seite, ferner ein Baurat, ein Rentmeister, ein Sekretär, ein Registrator, ein Schreiber und zwei Kanzleidiener. Diese Beamten eiferten der Einstellung ihres hohen Vorgesetzten natürlich nach und schossen dabei manchmal noch über das Ziel hinaus, so daß August ihre zeitraubenden Bedenklichkeiten gelegentlich übergehen mußte. Aber je genauer sie waren, desto zufriedener stellten sie ihn, und die meisten hielten es viele Jahre in seinem Dienst aus. Alle wichtigen Papiere, die die Kammer verließen, trugen das 1813 in Gebrauch genommene Siegel, nämlich einen fliegenden Adler, der ein von sechs zuckenden Blitzen umgebenes Kanonenrohr in den Fängen hält.

Bei einem Besuch in Bellevue, das August am 1. März 1816 von seiner Mutter erworben hatte, fand er die Kanone, Le Drôle, seinem Befehl entsprechend auf einen steinernen Sockel gesetzt, vor, und jeder Besucher konnte darauf lesen, daß „den 18. Oktober 1813 dies Geschütz neben 14 anderen bei Probstheida in der Schlacht bei Leipzig durch die 12. Brigade, welche aus dem 2. Schlesischen, 11. Reserve-, 10. Landwehr-Infanterieregiment und den 6–Pfünder-Batterien No. 11 und 13 bestand, unter Anführung Sr. Königlichen Hoheit des Prinzen August von Preußen erobert" wurde und „dieser es als Denkmal und Belohnung auf dem Schlachtfelde von Friedrich Wilhelm III. empfing".

Prinz August erschienen Schloß und Park ein wenig verwahrlost. Zunächst lag ihm daran, fließendes Wasser durch den Park zu leiten, da die Teiche zwar Zufluß aus einem städtischen Abzuggraben, jedoch keine Verbindung zur Spree hatten, was gelegentlich zu Überschwemmungen im Park führte. Besondere Aufmerksamkeit schenkte August dem Nutzgarten, von dem er sich Ertrag für seine Tafel versprach. Der ungewöhnlich tüchtige Hofgärtner Brasch weckte das Interesse des Prinzen für Neuerungen, denen er ohnehin immer gern zustimmte. So sollten besonders edle Sorten von Birnen, Äpfeln und Trauben angepflanzt und sogar, trotz des ungepflegten Bodens, Spargel und Champignons gezogen werden. Zwar verursachten diese Maßnahmen Kosten, doch sollten sie durch den Verkauf von Obst und Gemüse, das über den eigenen Bedarf hinaus geerntet werden würde, wieder ausgeglichen werden.

Links Badekabinett, Entwurf von Karl Friedrich Schinkel. *Rechts* Tür im Roten Zimmer. Foto von 1940.

Inzwischen hatte Schinkel Entwürfe für insgesamt vierzehn größere und kleinere Räume des Stadtpalais' angefertigt und dem Bauherrn zugeschickt, wobei er darauf verwies, daß es gut sein würde, schon jetzt eine Bestellung für möglichst trockene Hölzer zu machen, und für die vorgesehenen roten, gelben und blauen Seidenstoffe die Handlung Gabain empfahl, die die besten Verbindungen direkt nach Frankreich habe.

Die Kostenanschläge übertrafen zwar Augusts auf etwas über 20 000 Taler gestiegene Preisgrenze, aber er sah ein, daß es unsinnig wäre, nur Teile der Wohnung einzurichten, und vertraute sich Schinkel blindlings an. Auch der Einstellung eines Bauaufsehers namens Berger stimmte er auf Wunsch des Architekten zu, da dieser sich außerstande erklärte, alle Arbeiten selbst zu beaufsichtigen. Er stellte dem Prinzen vor Augen, daß seine Aufträge den durch die mageren Kriegsjahre nur kümmerlich durchgekommenen Handwerkern und Lieferanten neuen Ansporn geben und daß die moderne Ausgestaltung der Räume gewiß andere Bauherren zur Nachahmung anregen würde.

Vorsichtig ließ der kluge Schinkel durchblicken, daß Zutrauen den Ehrgeiz der Leute anstacheln und bessere Ergebnisse bringen werde als pedantisches Auf-die-Finger-gucken. August seinerseits ermahnte seine Kammer, „jede Gelegenheit zu vermeiden, die seinen – Schinkels – bisher gezeigten rühmlichen Eifer schwächen könnte". Trotz Augusts Ungeduld verging das Frühjahr 1816 mit den Bestellungen von Holz – Parketthölzer sowie Mahagoni für die Bibliotheksschränke, Holz für Säulen, Paneele und Pilaster – und Seide für vierzehn Fenster, für Wandbespannungen in drei Zimmern und für die dafür nötigen Möbel, ganz zu schweigen von Gips, Mörtel, Steinen und Glas. Muster wurden ihm vorgelegt, Blätter mit Farbproben, auf denen zarte grüne und rosa, graue und eierschalenfarbige Bahnen den zukünftigen Stuckmarmor andeuten sollten. Er durchlas Listen von benötigten Möbelstücken und überquerte mitunter die Straße, um seine Schwester in Fragen der Farbgebung zu Rate zu ziehen. Mahagonitüren erschienen ihm sehr kostspielig, doch ließ er sich überzeugen, daß sie doch auch größeren Wert hätten, und beschloß dafür, beim Spiegelglas zu sparen. Ihm war eingefallen, daß es in Rheinsberg davon eine Menge gab, und er befahl ohne zu zögern, die dortigen Spiegel abzumontieren und nach Berlin zu bringen. Schinkel konnte diesen Raub nicht verhindern, der sich auch als überflüssig erwies, da die Spiegel teilweise alt und blind waren und neu poliert und hinterlegt werden mußten.

Im übrigen ging er mit unendlicher Geduld auf die vielen Einzelfragen ein, die ihm gestellt wurden, gab nach, wenn es sich um den Gebrauch schon vorhandener Stühle oder eines Schreibtisches handelte, blieb aber gelegentlich auch anderer Meinung und trug durch seine freundliche Gründlichkeit Augusts einander widerstrebenden Wünschen nach möglichster Vollkommenheit bei möglichst geringen Kosten immer wieder geschickt Rechnung.

„Für eine geringere Dekoration des Speisesaals mochte ich nicht stimmen, weil ich weiß, wie dies nach Vollendung des Ganzen Euer Königlichen Hoheit selbst zuwider werden würde. Es gibt keine wohlfeilere Art der Dekoration als das Malen auf der Wand, und Euer Königliche Hoheit haben sich beim Fürsten Hatzfeld selbst davon überzeugt, wie wenig dies mit dem übrigen in Übereinstimmung steht. Da diese große Einrichtung für die Lebenszeit gemacht wird, so kann eine Summe von 6000 Talern mehr kein Objekt sein, um deshalb das Ganze durch ein halbes Jahrhundert hindurch unvollkommen zu sehn", schrieb er etwa. Und beruhigend fügte er hinzu: „Die Preise der einzelnen Arbeiten betreffend, so kann ich Euer Königlichen Hoheit mit Wahrheit versichern, daß alles nach besten Kräften getan ist, um sich bei den billigsten Preisen der besten Arbeit zu versichern."

In der wichtigen Frage der Heizung gab er zu bedenken, daß Öfen, auch die schönsten, immer die Raumwirkung störten, und schlug eine Dampfheizung mit Torffeuerung nach englischem Vorbild vor, die für eine gleichmäßige Wärme in den Räumen sorgen und Heizmaterial sparen würde. Da August sich nicht abgeneigt zeigte, sondern im Gegenteil seinerseits Schinkel über die neue Warmluftheizung berichtete, die man in St. Petersburg seit einigen Jahren erprobte, ließ der Architekt verschiedene Gutachten über die Heizung, darunter eins über die in der Orangerie des Kaufmanns Möhring in Betrieb befindliche, anfertigen. Natürlich war der Einbau einer so neuen Heizung ein Wagnis, für das Schinkel die volle Verantwortung trug, nachdem August schließlich seine Einwilligung gegeben hatte und die notwendigen „664 laufende Fuß" Röhren nebst den dazugehörigen Zwingen in Auftrag gegeben werden konnten.

Obwohl Prinz August mit Recht vermutete, daß die Arbeiten, die im Sommer angefangen hatten, durch seine Abwesenheit ins Stocken kommen würden, zog es ihn fort. Juliette hatte ihm erlaubt, sie während ihres Badeaufenthaltes in Plombières zu besuchen, und auch ihm hatte sein Leibarzt geraten, ein Bad aufzusuchen. Er war zwar wie immer kerngesund, aber sicher konnte es nicht schaden, gegen das gefürchtete Rheuma, die unausbleibliche Folge feuchtkalter Feldzugsnächte, vorbeugend ein paar Bäder zu nehmen.

So reiste er Ende Juni 1816 nach Spa. Bei seiner Ankunft wurde ihm ein Brief von Juliette ausgehändigt, die ihm mitteilte, daß sie sich ausschließlich der Heilung ihrer Migräne zuwenden und keinen Besuch empfangen wolle. Prinz August war zu gut erzogen, daraufhin trotzdem zu ihr zu fahren, aber nach ein paar Tagen sprachloser Enttäuschung machte sich seine Empörung – „Ich frage Sie, liebe Juliette, würden Sie ein solches Benehmen bei einer anderen Frau entschuldbar finden?" – in einer leidenschaftlichen Anklage Luft. Aber Juliette war eben keine andere Frau, wieder einmal wies sie geduldig darauf hin, daß ihr nur an seiner Freundschaft gelegen sei. Der Prinz erwiderte darauf mit dem ungerechten Vorwurf, dies hätte sie ihm vor einer so weiten Reise sagen müssen, und vergaß wie schon so oft, daß sie ihm nichts versprochen hatte. Wieder entglitt sie ihm, und bitter stellte er fest, daß „ihr unaussprechlicher Charme, den ihr die seltene Verbindung von Schönheit, Anmut und Geist" gäbe, eben zu viele anzöge. Doch schon vor dem letzten „Adieu für immer" klang wieder ein wenig Hoffnung mit: „Wenn Sie jemals unglücklich sein sollten, können Sie immer auf meine Freundschaft zählen."

Anfang September reiste August über Brüssel nach Hause, wo sein Hauptinteresse wieder seinem Bau galt. Sein alter Lehrer Molière hatte ihm gelegentlich darüber berichtet, wenig Erfreuliches, zumal auch Schinkel den Sommer über im Auftrag Hardenbergs eine Inspektionsreise durch die neue preußische Rheinprovinz machte, wo er unter anderem auf der riesigen Bauruine des Kölner Doms herumstieg und Skizzen für eine Dachlösung anfertigte.

Anfang Oktober machte vor allem die Heizung noch unerwartete Schwierigkeiten, eine probeweise Erwärmung der gußeisernen Röhren fiel unbefriedigend aus. Die dichte Verbindung der relativ kurzen Röhren – fünf Fuß –, die in den Wänden entlang durch die ganze Zimmerflucht liefen, war die eigentliche Schwierigkeit, und nachdem schon der Einbau begonnen hatte, mußten Schinkel und sein Bauaufseher erkennen, daß sie daran scheitern würden. Zudem platzte bei einem Versuch eine Röhre ausgerechnet in Augusts Gegenwart, und Schinkel mußte den ständig auf Fertigstellung drängenden Prinzen davon überzeugen, daß es besser sein würde, Kupferrohre an Stelle der eisernen zu verwenden, die in ganzer Zimmerlänge hergestellt werden konnten. Daß er einige Dutzend eiserne Rohre umsonst gekauft hatte, verstimmte August erheblich, aber sie konnten wenigstens, wie Schinkel vorschlug, für die Heizungsanlagen in den Gewächshäusern von Bellevue dienen. Die Kupferrohre wurden bestellt und nach drei Wochen geliefert, für 980 Taler, und zur großen Erleichterung Bergers erwärmten sie die Säle und Zimmer reibungslos.

Prinz August war derweil schon mit einer anderen technischen Neuerung beschäftigt, der Gasbeleuchtung. Er erwog, sie ebenfalls anbringen zu lassen, zumal sie schon in einigen Berliner Häusern zu finden war. Aber der Gedanke, daß sich sein Einzug dadurch wieder verzögern würde, war ihm doch zu unangenehm, es blieb vorläufig bei Kerzen und Lampen.

Anfang März 1817 konnte Prinz August seine neue Woh-nung wenigstens teilweise beziehen, und auch die noch ausste-henden Arbeiten wurden im Laufe eines weiteren Monats abge-schlossen. Der gesamte Ausbau hatte 70 000 Taler verschlungen, Schinkel 1000 Taler als Zeichen der Zufriedenheit des Bauherrn erhalten, und zum 16. April ließ der Prinz über 250 Einladungen ergehen, um dem Hof und der Gesellschaft sein Palais in seiner neuen Gestalt vorzuführen.

So stiegen an dem betreffenden Abend die Gäste erwartungs-voll die mit Blumen geschmückte Treppe empor und traten rech-ter Hand in den Tanzsaal ein, wo der Prinz seine Gäste empfing. Die weißseidenen Rouleaus vor den vier Fenstern auf der linken Seite waren herabgelassen, der Glanz dreier von Kristall funkeln-der Kronleuchter vervielfältigte sich in den Spiegeln der beiden Schmalwände, von je vier lapislazubliblauen Stuckmarmorsäulen belebt. An den Längsseiten des Raumes zogen sich zwei durchge-hende purpurrote Sofabänke entlang. Durch die beiden geöffne-ten Mahagonitüren am Ende des Raumes blickte man in den großen Speisesaal, der mit seiner Kassettendecke, seinen durch Pilaster unterteilten Wandflächen und Spiegelschmalseiten dem Tanzsaal ähnelte, nur daß hier die Säulen die Farbe von Auber-ginen hatten und die Wandflächen zarte Violettöne aufwiesen, vor-nehm begleitet vom Weiß der Tische und Stühle.

Natürlich reichte der Platz nicht für eine so zahlreiche Ge-sellschaft, auch in den anstoßenden Zimmern waren überall Tische wie Anrichten aufgeschlagen und mit dem Silber aus der königlichen Silberkammer, aber auch mit hundert eigenen Silber-tellern, gedeckt worden. So hatten die Gäste die Möglichkeit, ungehindert alle Räume zu durchstreifen und kritisch zu mu-stern. Da gab es das blaue Zimmer, dessen Wände mit leuchtender Seide mit eingewebten gelben Sternchen bespannt waren, vor de-nen weißseidene Sofas und ebenso bezogene Sessel standen. Goldgerahmte Spiegel hingen an den Wänden, und eine kostbare Bronzeuhr tickte leise vor sich hin. Ungemein prächtig war das danebenliegende rote oder Staatszimmer. Scharlachdamastene Wände kontrastierten heftig mit der weißen Stuckdecke, den schweren weißen Vorhängen und den weißen Gipskaryatiden, die rechts und links der Türflügel, in halber Höhe in die Türrahmen eingefügt waren. Ein wenig Wärme brachten nur das vergoldete Holz der Möbel und Leisten und die Leuchter hinein, aber trotzdem war es ein herrliches Zimmer, und die Figuren hatte Friederikes Bruder Ludwig geschaffen, wie auch die entzückenden kleinen Supraportenreliefs im anschließenden kleinen Speisesaal. Je drei Siegesgöttinnen streckten dort ihre Kränze in den Raum, der mit seiner goldgeschmückten Kassettendecke, seinen warmen sandfarbenen Marmorwänden, dem riesigen Spiegel zwischen den Fenstern mit ihren purpurroten Vorhängen, zu denen die mit rotem Maroquin bezogenen Stühle stimmten, nicht minder prächtig war als der große.

Neben dem kleinen Speisesaal lag ein intimes kleines Kabinett. An der Rückwand gegenüber dem einzigen Fenster hing auf goldgelber Seide, auch hier mit Sternchenrosetten gemustert, das lebensgroße Porträt Madame Récamiers. Zart und anmutig lehnte sie auf ihrer Chaiselongue und blickte aus ihren schönen Augen auf die Mahagonimöbel nieder und den Gästen nach, die weiter durch zwei weniger aufwendig ausgestattete Räume, das sogenannte Büfettzimmer – Augusts Sammlung von Feldherrenporträts hing darin, Blücher einträchtig neben Napoleon – und das Vorzimmer den Raum betraten, der Prinz August selbst vielleicht der liebste war: sein Arbeitszimmer oder die Bibliothek. Ein riesiger Mahagonischreibtisch stand vor der Fensterfront, davor ein mit schwarzem Leder bezogener Lehnstuhl und seitlich ein Stehpult mit zugehörigem Reitstuhl, von dem aus man bequem auf die Wilhelmstraße hinausblicken konnte. Im Rücken des Arbeitsplatzes nahmen rechtwinklig zehn große Mahagonischränke mit Glastüren die Wand ein, die ganz besonders die Zustimmung Augusts gefunden hatten. Mehrfach hatte er Schinkel seine Begeisterung über die „ausgezeichnet schöne Arbeit des Tischlermeisters Wanschaff" ausgedrückt, und jetzt im Lichte eines besonders kostbaren vergoldeten Kronleuchters glühte das Holz wie dunkler Wein. Um einen runden Konferenztisch gruppierten sich weiterhin vier schwarz bezogene Lehnstühle, und die gelben Seidengardinen schwankten leicht im Luftzug der Heizung. Die

Türen standen auch hier offen, so daß niemand anstand, auch die letzten beiden Räume zu besichtigen. Die Bestimmung des vorderen war eindeutig: sobald man die weißen Taftgardinen, die den hinteren Teil verbargen, zurückschlug, bot sich den Blicken eine tönerne Badewanne. Das Bad mit seinen rosa Tapeten, der Alabasterampel, einem großen Kanapee und den lustigen roten Fransen und Troddeln an den Vorhängen war fast zu elegant für einen Mann, meinten begutachtende Damen. Das anschließende Schlafzimmer fand dagegen wieder ungeteilten Beifall. Schlanke weiße dorische Säulen, dazwischen reiche grünseidene Drapierungen, teilten den Raum in zwei Hälften, an den grün tapezierten Wänden hingen die Bilder von Augusts Eltern und Geschwistern, es gab eine weitere Chaiselongue und grün bezogene Mahagonistühle. Im jetzt geschlossenen Alkoven stand ein mächtiges Mahagonibett mit weißseidener Steppdecke, unter der sich ein wahres Gebirge von Roßhaarkissen und -matrazen verbarg. Rechts und links des Bettes führten Tapetentüren auf den Flur zum Hoftrakt bzw. in einen kleinen Toilettenabschlag.

Mehr oder weniger alle Gäste des Prinzen fanden im Laufe des Abends Gelegenheit, unauffällig oder laut bewundernd den Gang durch die Zimmerflucht zu machen, und Schinkels Name fiel von vielen Lippen. Der König zeigte sich angetan vom Tanz, beteiligte sich sogar daran und scherzte mit den jungen Damen, die seine älteste Tochter, im Begriff, den ebenfalls anwesenden Bruder des Zaren zu heiraten, umgaben.

Prinz August stellte mit Befriedigung fest, daß es keiner der anderen Prinzen mit ihm als Gastgeber und Hausherrn aufnehmen konnte – keiner von ihnen war allerdings auch so wohlhabend –, und bereute daher weder die Tausende, die der Bau, noch die Hunderte, die der Ball gekostet hatte.

Während der Saison einige kleinere und größere Diners, Bälle oder deren Spielarten von „thé densant" bis „déjeuner dinatoire" zu veranstalten, gehörte zu den Pflichten eines hochgestellten Mitgliedes der Gesellschaft, die August nicht minder ernst nahm als seine militärische Tätigkeit. Auch auf diesem Gebiet ehrgeizig, sah er darauf, daß man in seinem Hause stets den schönsten Blumenschmuck, die neuesten Walzer, die unauffälligste und rascheste Bedienung und den besten kalten Rebhuhnbraten oder Heringssalat genießen konnte, und traf selbst alle notwendigen Anordnungen, ob es sich nun um ein Mittagessen für 50 Personen in Bellevue oder um ein „déjeuner dansant" für 400 im Palais handelte, bei dem nur Gebäck und Getränke gereicht zu werden brauchten.

Auf der Gästeliste obenan stand bei einem großen Ball der König, gefolgt von der gesamten königlichen Familie, Augusts Verwandten, den Ministern, dem diplomatischen Korps, den hohen Offizieren, den männlichen und weiblichen Hofbeamten und Fremden von Rang. Dieser Personenkreis, der zusammen „die Gesellschaft" bildete und sich in den verschiedenen großen Häusern immer wieder traf, war zweifellos nicht so anregend wie die Gäste, die Prinz August sehr viel häufiger an seiner Mittagstafel versammelte. Hier legte er Wert auf geistige Anregung, wie sie von Gelehrten wie Alexander von Humboldt und Künstlern wie Wichmann, Schinkel oder Lenné, ausging. In dieser Herrengesellschaft, zu der auch immer einige seiner Offiziere gehörten, ging es bei erlesenen Speisen und Weinen und unbeschränkter Meinungsäußerung behaglicher zu als bei offiziellen Essen mit Ministern wie Bülow oder Bernstorff oder den Söhnen des Königs.

Sobald die Gästezahl feststand, ließ Prinz August die Küchenschreiber Kostenvoranschläge machen, die er genau prüfte und mit früheren verglich. Eine teurer gewordene Speise hatte Rückfragen an den Koch zur Folge. Ein Ball für 100 Personen erforderte zum Beispiel zum Souper zwölf verschiedene kalte Gerichte zu ungefähr 170 Talern, dazu die Verpflegung der Musiker – zwölf Taler – und 100 Flaschen Wein, deren Preis zwischen einem halben und einem ganzen Taler schwanken konnte.

Die Diener, die bei großen Bällen durch gemietete unterstützt wurden, so daß für je fünf Gäste ein Diener zur Verfügung stand, hatten vorher trotzdem reichlich zu tun, die Buffets aufzustellen und die Tische zu decken. Das dabei verwendete Geschirr erinnerte augenfällig an die Verdienste des Hausherrn, denn nach dem siegreich beendeten Krieg hatte der König sechs seiner verdientesten Feldherren je ein Service – 450 Teile – aus der königlichen Manufaktur geschenkt, das durchweg mit dem Eisernen Kreuz von Eichenlaub umgeben und auf den größeren Terrinen und Schüsseln zusätzlich mit Szenen aus dem Leben des Empfängers dekoriert war.

Der Koch, der Franzose Lanotte, leistete das Menschenmögliche; nur gegen das Ansinnen, ein Essen für 60 Personen innerhalb von 48 Stunden etwa, Kostenvoranschlag und Besorgungen inbegriffen, auszurichten, protestierte er mitunter, wenn auch vergeblich. Der Prinz hatte befohlen, und da die Berühmtheit seiner Küche auch auf ihn, den Koch, ihren Glanz warf und er nur ungern seine Stelle verloren hätte, fügte er sich. Dafür durfte er ungehindert neue Gerichte ausprobieren, und als aus England die praktische Erfindung von Schildkrötensuppenextrakt nach Berlin gelangte, bat Prinz August den preußischen Gesandten in London persönlich darum, ihm von einer bestimmten Firma einen größeren Vorrat liefern zu lassen.

Friederike von Waldenburg war übrigens niemals unter Augusts Gästen. Zwar hätte sie – in gebührendem Abstand von den fürstlichen Besuchern – als Geadelte durchaus an einem ferner gelegenen Tisch Platz nehmen dürfen, doch lag ihr vermutlich nichts daran, neugierig begafft zu werden.

Im Dezember 1816 hatte Prinz August zudem für sie und ihre Kinder ein eigenes Haus am Pariser Platz Nr. 4 erworben, das vordem der Hofmaler Tielker bewohnt hatte. Da das Haus nicht weit vom Palais entfernt war, konnte der Prinz ständig ein- und ausgehen und damit mühelos von den Vorzügen seines Junggesellendaseins zu den Annehmlichkeiten des Familienlebens wechseln, ohne sich in der einen oder anderen Lage eingeengt zu fühlen.

Im November 1817 wurde seine Tochter Mathilde geboren, und obwohl er auch dieses Kind in die Rechte der übrigen eintreten ließ, war seine Verbindung zu Friederike weniger eng. Sie beschäftigte sich viel mit Kunst und weckte auch bei ihren Kindern die Freude daran. Das Schwinden von Augusts Interesse an ihr konnte ihr nicht verborgen bleiben, aber sie blieb die Mutter seiner Kinder, und er ging freundschaftlich mit ihr um, so daß sie es mit Haltung hinnahm. Immerhin begann sie längere Reisen zu unternehmen und sich so ohne Aufsehen aus dem Familienleben zurückzuziehen.

Am 14. Juli 1817 war in Paris ganz plötzlich Madame de Staël gestorben, und ihr Tod veranlaßte August, nach seinem Abschiedsbrief vom August 1816 wieder einmal an Juliette Récamier zu schreiben, die ihm einen Nachruf auf ihre Freundin geschickt hatte. Diesem Nachruf fügte er einige kritische Randnotizen an, so u. a., daß „er nicht glaube, daß die deutsche Literatur Mad. de Staël ihre europäische Geltung verdanke" und daß „trotz all ihrer Beredsamkeit nicht sie – Madame de Staël –, sondern die politischen Umstände die Rückkehr der Alliierten – 1815 – beschleunigt hätten".

Nachdem die Besichtigungen des Frühjahrs 1818 vorüber waren, begab sich Prinz August wieder auf eine Badereise. Er hatte Spa gewählt, aber als er erfuhr, daß Juliette nach Aachen gehen würde, war er sofort bereit, auf einige Bäder zu verzichten und sie dort zu besuchen. Und diesmal wartete er keine Gegenvorstellungen ab und begab sich nach knapp dreiwöchigem Aufenthalt in Spa am 6. August nach Aachen, wo Juliette am Tag darauf eintraf, ziemlich leidend und jedenfalls auf die Dauer dem allumfassenden Besitzanspruch Augusts nicht gewachsen. Auch als Freund war er nicht weniger fordernd denn als Liebhaber. Auf ihre Bitte reiste er Mitte des Monats nach Paris weiter, von wo aus er sie zu überreden suchte, ebenfalls dorthin zurückzukehren. Sie blieb jedoch in Aachen und erlaubte ihm nur, sie dort nochmals zu besuchen. Es war das alte Spiel, je heftiger er sie bestürmte – „Wenn Sie nur schreiben würden: meine Seele, mein Herz, mein Leben, alles soll dein sein, würde ich Ihnen bis ans Ende der Welt folgen" – desto mehr zog sie sich in sich selbst zurück, sie ertrug ihn nicht mehr, wenn er ihr auch immer noch gefiel.

In Paris wohnte der Prinz den Manövern der Garde bei, war Gast des Herzogs von Orléans, des späteren Königs Louis Philippe, fand überall liebenswürdige Aufnahme und war um den 19. September wieder in Aachen. Knapp zwei Wochen blieben ihm noch, um sie mit Juliette zu verbringen, die harmonischer verliefen. Er beschloß, seiner Freundin und Madame de Staël zugleich ein Denkmal zu setzen, und erteilte dem Maler François Gérard den Auftrag, Juliette als „Corinna am Cap Misenum", der Heldin aus Madame de Staëls gleichnamigem Roman, zu malen.

Am 29. September verließ der Prinz Aachen, um nicht mit den ankommenden Teilnehmern des Aachener Kongresses zusammenzutreffen. Dieser Kongreß, der am 1. Oktober beginnen sollte, vereinigte noch einmal alle wichtigen Teilnehmer der Wiener Zeit und hatte die Aufgabe, die französischen Kriegsschuldzahlungen zu erleichtern und Frankreich wieder ehrenvoll in den Kreis der europäischen Großmächte aufzunehmen.

In seinem Abschiedsbrief an Juliette versicherte August ihr, daß sich von ihr zu trennen, allen Reiz seines Daseins zu zerstören bedeute. Mochte das auch übertrieben sein, bot er Juliette doch sogleich Hilfe an, als er im Februar 1819 von dem Bankrott ihres Mannes hörte. Mehr noch berührte ihn die Nachricht von ihren Beziehungen zu Graf François René Chateaubriand, einem sehr ernsthaften Nebenbuhler. Seine eifersüchtige Aufregung – „das Alter hat mein Blut noch nicht gefrieren lassen" –, die er Juliette nicht verbarg, ließ ihn Vergleiche zwischen sich und dem für seinen Geist wie seine Launen gleichermaßen berühmten Franzosen ziehen, die, vorausgesetzt daß es Juliette tatsächlich nur darauf ankam, gefällig unterhalten zu werden, zu Augusts Nachteil ausfallen mußten: „Da mich seit zehn Jahren fast immer ernsthafte Studien, Kriegsgeschäfte und Staatsangelegenheiten beschäftigen, habe ich mir jene Liebenswürdigkeit, auf die die Franzosen so großen Wert legen, nicht aneignen können, ich habe alle geselligen Talente vernachlässigt. Muß ich nicht befürchten, daß Sie, in einer Umgebung von liebenswerten Männern, deren Hauptbestreben es ist, den Frauen zu gefallen, einer fast ständigen Verführung nicht immer widerstehen können? Wenn Sie mir auf eine Weise verbunden wären, die Sie zur Treue zu mir verpflichtet, wäre ich weniger beunruhigt." Ein wenig kühn fügte er hinzu, daß „Eitelkeit der geringste seiner Fehler" sei, um gleich darauf wieder fordernd zu werden: „Ihre einfache Versicherung – Ihrer Zuneigung – wäre genug, mir wieder Mut zu machen."

Doch diese Versicherung Juliettes blieb zunächst aus, und auf Augusts Vorschlag, sich wieder mit ihm in Spa oder Aachen zu treffen, ging sie nicht ein.

Im Herbst nach den Manövern stattete August im Gefolge des Königs dem nun sehr altersschwachen Blücher auf seinem Gut einen Besuch ab und besichtigte seine eigenen schlesischen Besitzungen, die er noch gar nicht kannte.

10 Charakter – Rheinsberger Idylle – Familienzwist (1820)

Das zweite Jahrzehnt des 19. Jahrhunderts begann mit der Ermordung des Dichters August v. Kotzebue durch den Studenten Sand und endete mit dem Donnerschlag der Julirevolution von 1830 in Frankreich. Beides bewegte die Gemüter in Preußen heftig. Dazwischen bewegten sie aber überwiegend Begebenheiten, die auf dem Hintergrund großer Ereignisse völlig verblaßt wären, ohne sie jedoch zu bedrohlichen Schatten über dem Land wuchsen.

Zunächst schwebte noch geraume Zeit die Frage der Verfassung, die der König 1815 versprochen hatte. Natürlich war damit eine Verfassung gemeint, die demokratischere Züge tragen sollte, aber die vermeintlich um sich greifenden revolutionären Umtriebe besonders unter der studentischen Jugend bestärkten ihre Gegner darin, sie möglichst in Vergessenheit geraten zu lassen. An der Spitze des Staates stand immer noch Hardenberg, der auf die Einlösung des königlichen Versprechens drängte, eng umzingelt von Gegnern, die keine noch so winzige Minderung der Rechte des Monarchen erlauben wollten. Zu ihnen mußte nach seiner Stellung auch Prinz August gehören. Als Mitglied des Staatsrates nahm er an dessen Sitzungen teil, wo solche Fragen erörtert wurden, doch fühlte er sich als Offizier nicht aufgerufen, sich in die Angelegenheiten der zivilen Verwaltung einzumischen.

August überschätzte seinen Einfluß nicht; als Juliette 1820

bei ihm anfragte, ob er ihrem Freund Chateaubriand eine Stelle in Preußen – etwa als Gouverneur von Neuchâtel – erwirken könne, wies er höflich darauf hin, daß er zwar gern die nötigen Erkundigungen einziehen wolle, ob „der König oder Hardenberg für ihn eine Ausnahme machen wolle", daß er aber Zweifel daran habe, da der preußische Staat sparen müsse und ein Ausländer ohnehin nur geringe Aussichten auf eine Anstellung habe.

Augusts politisches Urteil schließlich blieb seine Privatsache, allenfalls geeignet, Gegenstand der Unterhaltung im Kreise gleichgesinnter Gäste zu sein. Vielleicht mißfiel ihm auch die ängstliche Gesinnungsschnüffelei, die sich nach Einführung der Zensurbestimmungen von 1819 breit machte, denn er wußte freimütige Äußerungen zu schätzen und ermunterte seine Gesprächspartner dazu. Aber mehr Interesse fanden bei ihm vermutlich die Bemühungen, den erschöpften Staatsfinanzen durch Erhebung von neuen Steuern z. B. Kassen- und Gewerbesteuern – aufzuhelfen, wobei alles seinen Widerstand hervorrufen mußte, was sich direkt oder indirekt auf seine eigene Kasse auswirken konnte.

Das Verhältnis des Prinzen zu König Friedrich Wilhelm III. und seiner Familie war nie besonders eng gewesen, und nur die unbestreitbare Pflicht, bei allen offiziellen Anlässen – Paraden, Empfängen, Einweihungen, Besichtigungen – anwesend zu sein, brachte ihn mit dem Hof in ständige Berührung. Man war von großer Höflichkeit zueinander, eben weil man wenig miteinander anzufangen wußte. Der König schätzte zwar die Tüchtigkeit seines Onkels, mit der dieser seine militärischen Obliegenheiten erfüllte, aber er mißbilligte in seinem Privatleben seine Geschicklichkeit in finanziellen Dingen und vor allem seinen unersättlichen Umgang mit Frauen, und die Brüder und Söhne des Königs und später deren Gemahlinnen folgten ihm in dieser Auffassung. Sie kamen zwar, wenn „Paugust", wie er im Familienkreis genannt wurde, zu größeren Festen einlud, aber sonst standen sie ihm ziemlich fern. August seinerseits bewegte sich in völliger Gelassenheit zwischen seinen Verwandten, er brachte dem König als seinem Souverän Respekt entgegen, fand aber im übrigen den Lebensstil an den anderen Höfen etwas dürftig und wenig weltläufig. Auch wenn er etwa im gleichen Alter wie der König war, gehörte August aufgrund seiner Erziehung in Geschmack und Anschauungen noch in das ausgehende 18. Jahrhundert. Als Mann der Praxis wirkte er jedoch auf dem Hintergrund einer gewissen Enge und Simpelei der Restaurationszeit liberaler und aufgeschlossener als viele seiner fürstlichen Zeitgenossen. Er blieb ein Einzelgänger, vermißte keine Weggenossen und bewegte sich auf den verschiedenen Bühnen seines Lebens mit selbstverständlichem Führungsanspruch.

Sein Beruf hätte ohnehin jede Neigung zu zweifeln und zu zögern, selbst wenn sie vorhanden gewesen wäre, bald erstickt, denn sich schnell eine Meinung bilden und der Lage entsprechend handeln, gehörte zu den Grundtugenden eines Offiziers. Augusts Beharrlichkeit hinderte ihn daran, einmal gefaßte Ansichten wieder umzuwerfen, und Festhalten an der eigenen Auffassung schätzte er auch an anderen.

Sein tägliches Leben lief so präzise ab wie die Uhren, die fast in jedem Raum seiner Wohnung standen. Nach wie vor blieb sein Blick vor allem auf Frankreich gerichtet, das er zwar bekämpft, dessen Lebensformen ihm jedoch durch Erziehung und Gewohnheit zu vertraut waren, um sie je zu verlassen. Er las französische Bücher, mit Vorliebe solche, die sich mit der Zeit beschäftigten, die er miterlebt hatte, und er bevorzugte die feine französische Küche, im Gegensatz zum König, der am liebsten derbe märkische Gerichte aß.

Jedes Jahr besuchte Prinz August die Ausstellungen der königlichen Akademie der Künste, wo er sich besonders für die Bildhauerarbeiten interessierte, der Wichmanns wegen und auch im Hinblick auf eigene Aufträge. Und er besichtigte stets die auf sein Betreiben hin dort ausgestellten besonders guten Zeichnungen des jeweiligen Jahrganges der Artillerieschule. Gemälde schätzte er sowohl als Wandschmuck wie auch als Erinnerung an Personen oder Ereignisse. Wer zu seiner ausgedehnten Familie gehörte, wurde früher oder später porträtiert, und auch er selbst ließ sich wiederholt malen, als Brustbild oder auch in voller Figur, wobei er sowohl Wert auf Genauigkeit der Wiedergabe wie auf künstlerische Gestaltung legte und nicht leicht zufriedenzustellen war.

Mit Juliette hatte er verabredet, daß jeder dem anderen ein Bild schenken sollte, auf dem er in seiner Lieblingsumgebung zu sehen sein würde. So erhielt der Maler Franz Krüger den Auftrag, August in Lebensgröße im gelben Kabinett vor Juliettes Porträt zu malen.

Dem Theater stand August mehr der weiblichen Darsteller als der Stücke wegen nahe. Dagegen fand Musik seine ungeteilte Aufmerksamkeit, und da Chopin im Hause Radziwill musizierte, wird er ihn wohl gehört haben. Ob Mendelssohn, Carl Maria v. Weber oder Schubert vor seine Ohren kamen, ob er die berühmten „Verlobten" Manzonis las oder Heines „Buch der Lieder" oder Hölderlins Gedichte? Jedenfalls schätzte er Schiller, den er – auch hier einen französischen Maßstab anlegend – den „deutschen Racine" nannte. Immerhin war er unterrichtet genug, um mit seinen Gästen auch literarische Themen zu besprechen. Als Jean-Jacques Ampère, der Sohn des berühmten Physikers, Berlin besuchte (1827), von Juliette empfohlen und sein häufiger Gast, freute ihn dessen Kenntnis der deutschen Sprache und Literatur. Er suchte ihm den Aufenthalt in Berlin so anregend wie möglich zu machen, indem er Alexander v. Humboldt und A. W. Schlegel, die ebenfalls gelegentlich seine Gäste waren, ersuchte, dem Franzosen alles auf dem Gebiet von Kunst und Wissenschaft Bemerkenswerte zu zeigen.

Vielleicht war es auch im Theater, oder in einem Konzert, wo dem Prinzen die achtzehnjährige Auguste Arend zum ersten Mal begegnete. Vielleicht tauchte ihr reizender Kopf am Fenster ihrer Wohnung auf, als der Prinz vorüberritt. Jedenfalls wußte er sich ihr zu nähern und dies umso leichter, als kein vorsichtiger oder eifersüchtiger Vater ihm im Wege stand. Der Geldwechsler und Rentier Arend war einige Monate vorher gestorben und hinterließ seine Witwe, zwei Töchter und einen Sohn, in auskömmlichen wirtschaftlichen Verhältnissen. Ob die Mutter die Beziehungen des Prinzen zu ihrer Tochter Auguste nur duldete, ob sie sie gern sah, vielleicht für eine Ehre hielt? Gehindert hat sie sie wohl nicht. Auguste empfing jedenfalls die Besuche ihres Liebhabers zu Zeiten, da die wachsamen Nachbarsaugen nicht zu befürchten waren. Viele Billetts hielten die Verbindung zusätzlich aufrecht.

Zwischen ihren Begegnungen hatte Auguste Zeit genug, sich auszumalen, wie ihr „angebeteter August" seinen Zerstreuungen nachging und wie vielen Verlockungen er ausgesetzt war. Wenn er ihnen nachgab, erfuhr sie es gewiß bald, nicht von ihm, aber von anderen.

Am 10. 6. 1819 wurde Augustes erstes Kind geboren, ein Mädchen, das den Namen Malwine erhielt. Sobald der Zustand von Mutter und Kind es zuließen, schickte August beide nach Rheinsberg, das ihm nach dem Tode seines Vaters zugefallen war. Zwar war das Schloß nicht bewohnt worden, und besonders die beiden von Prinz Heinrich errichteten Eckpavillons waren infolge unzureichender Fundamente einsturzgefährdet, aber im ersten Stock des Mittelbaues gab es eine Anzahl recht wohnlicher Zimmer, die Auguste nun zusammen mit ihrer Mutter, der Köchin und dem Hausmädchen, der Kinderfrau und dem Bedienten bezog. Vor der langen Reihe ihrer Fenster lag die Stadt, und Auguste durfte sich, ausgestattet mit einem angemessenen Wirtschaftsgeld, als Herrin eines kleinen Reiches fühlen, das sie von nun an in jedem Sommer bewohnen sollte. Sie fühlte sich glücklich dort, wenn der Prinz bei ihr war, der zwischen seinen Inspektionsreisen und Manövern für einige Tage Familienleben genoß; gerade nur so lange, daß nicht Langeweile, sondern seine zahlreichen Pflichten ihn wieder fortführten. Zur Jagdzeit blieb er länger, dann herrschte Leben im sonst so ruhigen Schloß, die Treppen hallten von den Schritten Seiner Königlichen Hoheit und deren Adjutanten wider, in der Küche, in der des Prinzen erfahrener Koch Augustes Köchin die Herrschaft ohne Umschweife abnahm, und im Kinderzimmer, wo die

Kleine, erst ein wenig scheu, dann aber tobend und kreischend auf den Schultern des Vaters ritt, mit ihm im Zimmer herumjagte oder jubelnd die Spielsachen auspackte, die er ihr mitbrachte. Auch wenn das Wetter so schön und warm war, daß Auguste im Park spazieren gehen konnte, gefiel ihr Rheinsberg, oder wenn sie an heißen Nachmittagen im luftigen Zelt saß und dem Spiel ihres Kindes auf dem Rasen zuschaute. Das Zelt, in der Form eines übergroßen Sonnenschirms, mit zusätzlichen Stützen an den Enden seiner Sprossen wurde jedes Jahr neu aufgestellt, und wenn es morsch war, durch ein neues ersetzt. Der Zimmermann baute es aus Latten an einem Platz, den Auguste nach vorsichtiger Anfrage bei „ihrem Herrn" bestimmte, und wenn es gerichtet war, hielt der Meister eine lange und spaßhafte Rede, und Auguste konnte ihm nicht abschlagen, danach einmal mit ihm im Kreise herumzutanzen, wozu die Schloßleute lauten Beifall klatschten.

War es zu kühl zum Spazierengehen, so konnte Auguste immer noch anspannen lassen und kleine Ausfahrten unternehmen, einfach ein Stück die Straße entlang oder nach Ruppin hinein, wo es gelegentlich ein Konzert gab oder einen Jahrmarkt. Ihre Gesellschafterin, eine Frau von Byern, begleitete sie überall und stand Auguste bei, wenn sie krank war oder ihr Kind Pflege brauchte.

Nicht alle Sommer waren warm und trocken, es gab auch kalte, regnerische und stürmische Tage, an denen Auguste den ganzen Tag das Feuer im Kamin ihres Zimmers brennen lassen mußte und sich und das Kind in dem zugigen Schloß vor Erkältungen zu schützen suchte, so gut es ging. An solchen Tagen saßen die Frauen abends um ihre Lampe, nähten und stickten und hörten dem Prediger zu, der ihnen vorlas. Zog sich Augustes Aufenthalt außergewöhnlich lange in den Herbst hin, hatte sie Gelegenheit, auch selbst auf die Jagd zu gehen, wobei ein Jäger des Prinzen sie begleitete, um die Enten, die sie schoß, aufzusuchen und nach Hause zu tragen. Wollte Auguste ausreiten, konnte sie über ausgesucht schöne Pferde verfügen. Einsam war sie nicht, auch wenn der Prinz abwesend war und sie ihm von Zeit zu Zeit versicherte, daß „sie nur glücklich sein werde, wenn sie ihn wiedersähe". Sie knüpfte zwar Beziehungen zu einigen angesehenen Familien an, zu denen auch die des Landrats v. Zieten gehörte, hielt sich aber von „großer Gesellschaft" fern und begegnete Augusts Mißtrauen gegen Fremde oder Neuankömmlinge durch die häufige Versicherung, daß sie niemanden sähe, den er nicht kenne. August wünschte, daß sie nur mit „anständigen und gebildeten Frauen" Umgang habe, und wiederholte ihr häufig eindringlich, „daß jede ihrer Handlungen genau beobachtet" werde und daß sie ihren Platz an seiner Seite – oder besser in seinem Schatten – nur dadurch verdiene, daß sie ängstlich auch den geringsten Anschein von Leichtfertigkeit vermied. Zusätzlich ließ er sich, ebenso fürsorglich wie wachsam, täglich über Augustes Ergehen und Beschäftigungen berichten. Monatlich erhielt sie durch sein Marschallamt „ihr Geld", Rechnungen, die diese Summe überstiegen, ließ sie August schicken, der sie ihr gelegentlich zur Überprüfung zurücksandte, mit dem tadelnden Hinweis, „daß sie ihre Ausgaben etwas einschränken möge, da er ihr nicht so bedeutende Geschenke geben könne". Verschwenderisch war Auguste aber gewiß nicht, es genügte ihr vollauf, in gesicherten Verhältnissen zu leben.

Die Hauptbeschäftigung der jungen Frau bestand in der zärtlichen Sorge für ihr Kind. Mit jeder abgehenden Post schilderte sie August eingehend ihren und der Kleinen Gesundheitszustand. Stets drückte er ihr darauf sein Bedauern für ihre verschiedenen Leiden aus, nahm die Krankheit aber meist nicht so schwer, als daß er sich getrieben gefühlt hätte, mit ihr am Bett ihres Kindes zu wachen. Als Malwine an Windpocken erkrankte, mahnte Auguste den Vater ein wenig bitter „sechzehn Stunden brauche man nach Berlin und zurück", blieb aber mit ihrer Sorge allein.

Auch der Prinz schrieb Auguste regelmäßig ein kleines Doppelblatt, das in schöner, weit nach oben und unten ausgreifender Schrift häufig mit dem Hinweis „ich benutze den ersten Augenblick, den ich für mich habe" begann, um dann flüchtig seine Beschäftigungen zu berühren. Seine Zerstreuungen erwähnte er ihr gegenüber selten, um ihre Eifersucht nicht zu wecken. Auch über sein Leben im Palais und in Bellevue, das sie nicht teilte, blieben seine Äußerungen spärlich. Die Vorgänge in der Umgebung des Königs waren Familienangelegenheiten, die Auguste nichts angingen. Doch erfuhr sie manches, wie andere Berliner auch, aus den Zeitungen, so auch den plötzlichen Tod von Augusts Mutter am 11. Februar 1820.

Prinzessin Ferdinand hinterließ keine auffallende Lücke in der Hofgesellschaft, denn zuletzt hatte sie sehr zurückgezogen gelebt und ihr Gedächtnis fast vollständig verloren. Ihren Sohn hatte sie jedoch noch immer erkannt, wenn er ihr seinen täglichen Morgen- oder Abendbesuch machte. Er betrauerte sie aufrichtig, denn er war sich ihrer übergroßen Liebe wohl bewußt. Von ihrem Haar nahm er eine Locke an sich und ließ das Kleid und die Haube, die sie an ihrem Todestag getragen hatte, aufbewahren. Die Ausrichtung der Trauerzeremonie übertrug er Schinkel, und am 17. Februar wurde Prinzessin Ferdinand im Beisein der königlichen Familie an der Seite ihres Gemahls bestattet.

Ihre beiden überlebenden Kinder blieben keineswegs in Eintracht zurück. Schon vor geraumer Zeit waren Luise Radziwill offenbar Bedenken gekommen, ob es für sie wirklich vorteilhaft gewesen war, der Erbschaftsregelung von 1816 zuzustimmen. Sie hegte den Verdacht, daß August dadurch weit mehr Bargeld bekommen hatte, als vorhandenen Belegen zu entnehmen gewesen war. Gerüchte gingen um, Prinz Ferdinand habe seinem Sohn während des Krieges größere Summen anvertraut, die dieser zur Sicherheit in Böhmen hätte deponieren sollen, und dieses Geld habe August später stillschweigend seiner eigenen Kasse einverleibt. Unterstützt von ihrem Gemahl, meldete Luise Radziwill nachträglich ihren Anspruch darauf an, nicht für sich selbst, sondern für ihre Kinder, wie sie betonte, und verlangte vorerst genaue Rechnungslegung.

Prinz August wies dieses Ansinnen seiner Schwester entschieden zurück. In einer Denkschrift, deren Veröffentlichung er ihr in Aussicht stellte, wies er auf Luises Abfindung hin und beschuldigte sie, ihn fälschlich unehrenhafter Geschäfte zu verdächtigen.

Der Königliche Hausminister, Fürst Wittgenstein, hatte alle Mühe, die beiden Parteien wenigstens daran zu hindern, einen regelrechten Prozeß gegeneinander zu führen.

Hinzu kam die ungelöste Frage, wer für die Pensionen des Hofstaats der Verstorbenen aufzukommen habe. Dazu gehörten nicht nur die fünf Personen, die ihr zuletzt gedient hatten, sondern auch noch Pensionäre des Prinzen Ferdinand und der Prinzen Heinrich und Louis Ferdinand. Denn es war üblich, diejenigen, die besonders lange und treue Dienste geleistet hatten, auch nach dem Tod ihrer jeweiligen Herrschaft für den Rest ihres Lebens sicherzustellen. Da die Zinsen von Prinzessin Ferdinands Kapital hierfür nicht ausreichten – 12 000 Taler mußten jährlich gezahlt werden –, wandte sich Luise Radziwill erneut an das Hausministerium mit der Frage, ob es ihrem Bruder nicht zugemutet werden könne, die Pensionen allein zu übernehmen, zumal er ja auch eine Apanage erhalte. Obwohl sie noch hinzufügte, daß sie andernfalls die Erbschaft ausschlagen und den Pflichtteil verlangen müsse, lehnte August diese Regelung ab. Seiner Rechtsauffassung nach hatte die Halbierung des Erbes auch die Halbierung der Pensionssumme zur Folge.

Die Kommission, die mit Wittgenstein an der Spitze zur Klärung der Streitfrage eingesetzt wurde, war ebenso wie der zuständige Bearbeiter im Justizministerium der Meinung, daß es das Beste wäre, wenn die beiden Parteien sich ungeachtet der Rechtslage gütlich einigen würden. Doch war gerade dies nicht zu erreichen. Prinz August, wie stets beharrlich die eingeschlagene Richtung verfolgend, sah keine Notwendigkeit, auf sein Recht zu verzichten. Prinzessin Luise wiederum und mehr noch Anton Radziwill behaupteten, August habe nicht nur seine Mutter in ihrer zunehmenden Verwirrung dazu überredet, ihr Kapital im Falle von seinem, Augusts Tod, nicht den Kindern seiner Schwester, sondern seinen eigenen zu vererben, was Luise im Hinblick auf deren illegitime Geburt empörend fand, sondern zeige sich – „er, der reichste Mann im ganzen Staate!" – auch hier unverhohlen geldgierig, ohne der bestehenden moralischen Verpflichtung die geringste Beachtung zu schenken. Die Radziwills, selbst schließlich auch recht wohlhabend, bestürmten Wittgenstein, der Augusts Benehmen unter dessen Würde fand, ihnen beizustehen. August verstand die Aufregung seiner Schwester und seines Schwagers nicht, da er nicht einsah, daß sein Recht von der Größe seines Vermögens abhängig gemacht werden sollte. Ihm lag vor allem am Herzen, von seinen Kindern alle finanziellen Verpflichtungen fernzuhalten, die ihr zukünftiges Erbe schmälern oder aufzehren könnten. Da Wittgenstein es für schädlich hielt, wenn Mitglieder des Königshauses womöglich ein Gerichtsurteil herbeiführten, das dann mehr gelte als die Hausgesetze, bat er König Friedrich Wilhelm III. um Vermittlung, der jedoch lediglich seinen Wunsch nach gütlicher Einigung ausdrückte. Schließlich kam im Juni 1821 ein Vergleich zustande, nachdem die gesamten Pensionszahlungen August zur Last fallen sollten, jedoch nur zu seinen Lebzeiten. Nach seinem Tode sollten sowohl die Hofstaaten seiner Eltern und Brüder sowie sein eigener und auch die Kinder Louis Ferdinands die ihnen ausgesetzten Summen vom König selbst erhalten. Doch verhinderte der Prinz das Inkrafttreten der Einigung durch den Wunsch, auch der Kronprinz möge den Vergleich mit unterzeichnen, und bat seine Schwester, sich dafür einzusetzen. Der Kronprinz schrieb Luise Radziwill freundlich, es verstünde sich von selbst, daß er alle Verpflichtungen seines Vaters treulich erfüllen würde, doch August bestand auf der Unterschrift. Beharrlich kam er immer wieder auf sein Verlangen zurück, das der Kronprinz zunehmend ungeduldig zurückwies. Luise Radziwill wandte sich wieder an Wittgenstein, da ihr Bruder „nie gewöhnt gewesen [sei], eine Einwendung zu hören", möge er doch dessen Berater, Herrn Rabe, bewegen, August die Unterschrift auszureden, was ihm dann endlich auch gelang.

Das Ergebnis des monatelangen Streites war Verstimmung auf allen Seiten und völlige Abkehr der Geschwister voneinander. Luise, mehr noch ihr Mann, verziehen August sein Vorgehen nicht, wenn sie auch den Schein familiärer Eintracht wahrten.

11 Bauten – Reisen – Affären (1821–31)

Das Jahr, in dem Prinz August seine Mutter verlor, brachte ihm sein letzte Beförderung. Am 3. August 1820 ernannte ihn der König zum „Generalinspekteur und Chef der gesamten Artillerie". Damit stand er auf dem Höhepunkt seiner militärischen Karriere, wenn er auch seine Fähigkeiten nur noch in Übungen, nie mehr in einem wirklichen Krieg erproben konnte. Die Mitte Europas hielt Ruhe in diesem Jahrzehnt. Auf den äußeren und inneren Aufruhr des Jahrhundertanfangs war eine Hinwendung zum Eigenen und Kleinen gefolgt, der schließlich ins Kleinliche verkümmerte und die Spottlust derer hervorrief, die keine Biedermeier sein wollten. Wer Abenteuer suchte, mochte nach Griechenland gehen, wo das Volk sich aus der türkischen Herrschaft zu befreien suchte. Jedenfalls tat das für etwa zwei Jahre Augusts Generalstabschef, ein kluger und besonnener Mann mit einem großen Namen: Wilhelm von Scharnhorst.

Daß der Sohn von Augusts einstigem Lehrmeister bestrebt war, seinen Posten bei dem Prinzen gegen einen anderen zu vertauschen, lag auch daran, daß er mit seinem Vorgesetzten nicht harmonierte, obwohl er seinem Schwiegervater Gneisenau erklärte, „keineswegs die guten Eigenschaften, die der Prinz besitzt" zu verkennen.

Anfang des Jahres 1821 kaufte Prinz August das Gut Prillwitz im hinterpommerschen Kreis Pyritz, das er zur Ausstattung seiner Tochter Malwine bestimmte und dessen Nutzung zunächst Auguste zufiel.

Am 23. Mai, als Auguste schon wieder nach Rheinsberg übersiedelt war, fand in Berlin die Wiedereröffnung des 1817 abgebrannten Schauspielhauses am Gendarmenmarkt statt, zudem hielt kurz darauf der Besuch des Großfürsten Nikolaus und seiner Gemahlin Charlotte die Gesellschaft in Atem. Einen Höhepunkt der Festlichkeiten bildete die Aufführung des orientalischen Märchenspiels „Lalla Rookh" nach Thomas Moore, bei dem es sich allerdings weniger um ein Theaterstück als um das Stellen von lebenden Bildern handelte. Prachtvoll anzusehen, wirkte August dabei als einer der drei orientalischen Prinzen mit, und seine Nichte Elisa wurde geradezu überschwenglich in der zu Herzen gehenden Hauptrolle bewundert. Vor allem auf ihren Jugendgespielen, Prinz Wilhelm, machte ihre Lieblichkeit tiefen Eindruck.

Solche gesellschaftlichen Ereignisse brachten Augusts sorgfältig geplanten Tageslauf nur vorübergehend in Unordnung. Sogar er selbst bezeichnete sein Leben in diesen Jahren als „sehr gleichförmig". Die Pflichten seiner Stellung und die Erziehung seiner Kinder seien seine Hauptbeschäftigungen, schrieb er Juliette. Offenbar gehörte die Architektur nicht zu ihren Interessen, denn von seiner immer regen Lust am Bauen erzählte er ihr nie etwas.

Das Äußere des Schlosses Bellevue mißfiel dem Prinzen nach wie vor so sehr, daß er 1823 von Schinkel ein Gutachten darüber anforderte und selbst vorschlug, den Seitenflügeln die gleiche Höhe wie dem Mittelbau zu geben. Schinkel widerriet jedoch nachdrücklich, der Innenhof werde dadurch noch enger und gedrückter werden. Er zeichnete vielmehr an die Spitze der beiden Flügel zwei eingeschossige Anbauten, deren flache Dächer mit großen Vasen und Blumen besetzt und als Balkone benutzt werden sollten, um dem Bau eine heiter-südliche Note zu geben.

Eine andere Skizze sah den Abriß des ganzen Flügels am Wasser und die Verlegung der Front auf die Schmalseite des Hauptbaues der Spree zu vor. Prinz August fand beide Vorschläge zwar „sehr geschmackvoll", doch sagte ihm sein nüchtern rechnender Verstand, daß keine seiner Familien das Schloß würde behalten können und daher die erheblichen Kosten solcher Umbauten sich nicht lohnen würden – jedenfalls nicht für ihn. So ließ er nur den Anstrich erneuern und das Dach reparieren.

Im Park wurden endlich die alten Treibhäuser abgerissen und neue errichtet, und vor allem wurde der Plan der Entwässerung des Geländes durch einen Stichgraben zur Spree wieder aufgegriffen. Sofort protestierten jedoch die Behörden unter Hinweis auf den Treidelweg am Fluß gegen dieses Hindernis, aber auch im Interesse der Bürger, die sich angewöhnt hatten, am Fluß entlang den Weg nach Moabit zu nehmen. Prinz August weigerte sich, dieses Gewohnheitsrecht anzuerkennen, zumal er beobachtet hatte, daß die Schiffer längst das andere Ufer zum Treideln entlangzogen, und fand sich schließlich nur bereit, eine kleine Brücke über den Graben schlagen zu lassen, allerdings mit einer verschließbaren Pforte versehen. Ein Schlüssel dazu sollte nur Personen „von gebildetem Stande" ausgehändigt werden. Da man ihn nicht zum Zuschütten des Grabens bewegen konnte, wurde Augusts Angebot schließlich angenommen, der Fortbe stand der Schifferrechte jedoch ausdrücklich fesgehalten.

Ein anderes Bauwerk, dessen Entstehen August mit großer Anteilnahme verfolgt hatte, war die neue Artillerieschule. Am 10. Oktober 1823 konnten schließlich Lehrer und Schüler dorthin übersiedeln, wenige Tage später besichtigte sie der König, ließ sich durch die fünf Hör- und Zeichensäle, durch einige der Wohnräume – je drei der hundert Artilleriefähnriche bewohnten zusammen ein Zimmer – und sogar bis zum Dach hinaufführen, von wo man einen herrlichen Blick über die Linden bis hin zum Schloß auf der einen und zum Tiergarten auf der anderen Seite hatte. Unter den zu Lehrern der Schule bestimmten Offizieren befand sich einer, der in besonderen Beziehungen zu Prinz August stand und überhaupt eine der ungewöhnlichsten Erscheinungen im damaligen preußischen Offizierskorps war.

Der Feldmesser und Student des Baufaches Meno Burg hatte sich 1813 in Berlin als Freiwilliger bei der Garde-Infanterie gemeldet und war auch zunächst angenommen worden. In der Eile, mit der die jungen Leute nach Breslau geschickt und dort ausgebildet werden mußten, fand die Vereidigung erst einige Zeit später statt, dabei wurde bekannt, daß Burg Jude war. Nun wies man ihn zurück, obwohl Juden seit 1807 in Preußen gleichberechtigte Bürger waren. Trotzdem mußte Burg die Uniform wieder ablegen.

Ein Bekannter, der ihn damit tröstete, bei der Artillerie werde man nicht so engherzig sein wie bei der vornehmen Garde, schickte ihn zu Prinz August, der ihn freundlich empfing: „Niemand kann Sie daran hindern, ein guter Artillerist zu werden, und wenn sie sich der Artillerie anschließen, um den Kampf gegen den Unterdrücker zu gewinnen, dann spielt Ihre Religion keine Rolle."

Er ordnete noch eine besondere Form der Eidesleistung – ein Rabbiner wurde dazu herbeigeholt – für ihn an und überließ Burg seiner eigenen Tüchtigkeit. Zwar kam er nie, wie es sein sehnlicher Wunsch war, ins Feld, sondern tat Dienst als Spezialist für Zeichnen und artilleristische Berechnungen, aber er wurde bald zum Unteroffizier befördert und machte nach einigen Widerständen auch sein Offiziersexamen. 1815 folgte seine Beförderung zum Sekondeleutnant, und nun erteilte er an der Artillerieschule Unterricht in Mathematik und vor allem in Artilleriezeichnen. Nebenbei verfaßte er ein Buch über „Die Kunst der geometrischen Zeichnung", das August 1822 mit Zustimmung der Artillerieprüfungskommission für alle Artillerieabteilungen als Lehrbuch empfahl und das auch der König zur Kenntnis nahm.

Prinz August verfolgte die Entwicklung seines Rekruten mit besonderem Interesse. Leutnant Burg gehörte häufig zu den Offizieren, die zur Mittagstafel ins Palais befohlen wurden, und wenn er eine neue Lehrmethode vorschlug, stand der Generalinspekteur der Artillerie stets auf seiner Seite. Später gelang es

Burg auch noch, weiter auf der Rangleiter aufzusteigen, obwohl der König seiner Beförderung zum Hauptmann nur zustimmen wollte, wenn er sich taufen ließe. Daß er diesen Schritt nur seiner Beförderung zuliebe nicht tun wollte, fand Augusts völlige Zustimmung.

Auf Augusts persönlichen Vorschlag hin wurde Burg schließlich 1832 Hauptmann, erhielt den Roten Adlerorden 4. Klasse und starb 1853 an der Cholera, ohne jemals seinen Glauben gewechselt zu haben.

Die Berliner Bevölkerung bewegte allerdings der Werdegang des Offiziers Burg oder auch die neue Artillerieschule nicht annähernd so sehr wie die zweite – morganatische – Heirat König Friedrich Wilhelms III. mit Gräfin Auguste von Harrach. Da August selbst für weiblichen Reiz so empfänglich war, hatte er Verständnis dafür, daß der König vierzehn Jahre des trauervollen Alleinlebens beenden wollte. August fand, daß die Fürstin Liegnitz, wie sie von nun an hieß, „ein angenehmes Gesicht" habe, und durch ihr sanftes und freundliches Wesen gewann sie bald die Achtung aller, die sie näher kennenlernten.

Weniger glücklich ging die Liebe Prinz Wilhelms, des zweiten Königssohnes, aus. Schon lange, gewiß aber seit jenem festlichen Abend, an dem „Lalla Rookh" aufgeführt worden war, hatte er eine immer wachsende Zuneigung zu Luise Radziwills ältester Tochter Elisa gefaßt. Auch der König mochte das junge Mädchen gern, und daß Luise selbst diese Gefühle nicht ungern sah, konnte ihrem mütterlichen Ehrgeiz nicht verdacht werden. Zudem begünstigte ein reger familiärer Verkehr die Wünsche Prinz Wilhelms, der Luise Radziwill zu einer Art Ersatzmutter erkoren hatte. Als die Neigung Wilhelms immer offenkundiger und die Gegenliebe Elisas ebenfalls deutlich wurde, begannen die Staatsbeamten die Frage zu untersuchen, ob Elisa eine ebenbürtige Gemahlin des Prinzen sein würde. Ebenbürtig waren zunächst nur die Mitglieder anderer regierender oder mindestens ehemals reichsständischer Fürstenhäuser, andererseits hatte es auch schon Generationen vorher Ehebündnisse zwischen den Hohenzollern und den Radziwills gegeben, und immerhin war Elisa die Tochter einer preußischen Prinzessin.

Nachdem die Frage der Ebenbürtigkeit durch verschiedene Gutachten verneint worden war, zogen sich die Radziwills 1822 nach Posen zurück, wo Prinz Anton seine Statthalterschaft bisher nur als Gast ausgeübt hatte, nun aber den Hauptwohnsitz seiner Familie aufschlug.

1824 tauchte der Plan auf, Elisa durch den Zaren adoptieren zu lassen, wodurch sie eine Angehörige des Hauses Holstein und damit ebenbürtig geworden wäre. Doch Zar Alexander I. lehnte trotz der Fürsprache seines Bruders und seiner preußischen Schwägerin ab.

Prinz August blieb von der Liebesgeschichte seiner Nichte trotz des kühlen Verhältnisses zu ihrer Familie nicht unberührt. Einmal, weil sie ein so reizendes Geschöpf war – eine der vollkommensten Frauen, die er gekannt habe, nannte er sie – und auch als Vater von Töchtern, die ebenfalls im heiratsfähigen Alter standen.

Schon einige Jahre zuvor hatten sich für die nun fast zwanzigjährige Eveline einige Bewerber gezeigt, unter denen sogar ein Herzog gewesen war. Doch alle Heiratspläne zerschlugen sich, obwohl Prinz August elegante kleine Bälle für sie veranstaltete, um ihre anmutige Erscheinung ins beste Licht zu setzen. Eveline zog ihr behagliches Leben im Kreise ihrer Geschwister vor. Ihre jüngeren Schwestern lebten noch im Kinderzimmer, wenn sie natürlich auch älter waren als Augustes Tochter Malwine, deren besonderen Schönheit wegen Großfürstin Alexandra von Rußland einmal vorgehabt hatte, ihren Weg über Rheinsberg zu nehmen und sie sich anzusehen. Zu ihrem 6. Geburtstag erhielt Malwine von ihrem Vater ein Perlenhalsband, „sehr schön, aber sehr teuer", und Auguste schenkte ihr ein Ziegenfuhrwerk, wobei die schwierige Beschaffung geeigneter Ziegen natürlich dem Prinzen zufiel.

Zugleich mit der Mitteilung ihrer erneuten Schwangerschaft, die August mit der Hoffnung, „daß es das Glück noch vermehren wird, welches uns schon Malwine gewährt, ihr wird es die angenehmste Gesellschaft und dir die liebste Erholung verschaffen", beantwortete, bat Auguste den Prinzen erneut, „über ihre Stellung zu entscheiden".

Nachdem im Januar 1825 ihr erster Sohn, natürlich auch „August" genannt, geboren wurde, konnte sich der Prinz ihrem Wunsch schon im Hinblick auf „ihre Vorgängerin" nicht länger entziehen und setzte sich bei dem Hausminister Fürst Wittgenstein für die Erhebung Augustes in den Adelsstand ein. Am 22. 6. teilte er Auguste mit, daß ihr „sehnlichster Wunsch" erfüllt werden würde, nicht ohne hinzuzufügen: „Die Dankbarkeit soll ein neues Band sein, wodurch du noch fester an mich geknüpft wirst, die Belohnung für alles, was du für unsere Kinder tust."

Auguste versicherte ihm umgehend, daß sie „immer so gegen ihn sein wolle, daß sie seiner Auszeichnung nicht unwert sei", und stimmte seiner Meinung zu, daß sich der Name des Gutes „Prillwitz" unter denen seiner Güter am besten als künftiger Zuname für sie eignen würde.

Der König bewilligte trocken und wortlos die Bitte seines Onkels, und am 12. 7. 1825 konnte Auguste sich „Frau von Prillwitz" nennen. Mit der Geburt ihres Sohnes und dem Ziel, das sie erreicht hatte, fiel ein großer Teil ihrer Unruhe und ihrer nervösen Beschwerden von ihr ab. „Du weißt, daß deine Auguste nur in deiner Liebe lebt und dich trotz deiner kleinen Launen anbetet", schrieb sie ihm, und August mußte keine Vorwürfe mehr beschwichtigen, wenn er sie für einige Tage in ihrer Sommereinsamkeit besuchte. Blühend, sogar ein wenig stark geworden, trug sie ihm ihren „Prachtaugust" entgegen, wandelte mit dem Prinzen durch den Garten und erzählte ihm von den Bitten und Wünschen der Gutsleute, die sich gern einer solch aussichtsreichen Vermittlung bedienten, wenn es sich um die Erlassung einer Pachtsumme handelte, oder nur darum, am Ankunftstag des Prinzen abends ein wenig tanzen zu dürfen.

Auguste von Prillwitz. Gemälde von Wilhelm von Schadow.

Im Frühherbst kehrte sie nach Berlin zurück und bezog ein Haus in der Leipziger Straße 117, das August im November 1824 erworben und völlig neu hatte herrichten lassen.

Ebenso wie Augustes Haus hatten ihn die Arbeiten im Park von Bellevue in Anspruch genommen. Ein alter Pavillon mußte den neuen Treibhäusern zum Opfer fallen, und Schinkel entwarf einen kleinen Rundbau, der sowohl selbst ein schöner Blickfang inmitten von Pflanzenkübeln und Baumgruppen werden, als auch aus seinem Innern dem Auge gefällige Durchblicke in den Park verschaffen sollte. An seiner schloßabgewandten Seite würde sich eines der langgestreckten Gewächshäuser anschließen, und da die runde Form des kleinen Baues nicht teurer sein sollte als eine eckige und der Prinz auch noch hoffte, einige überflüssige Säulen und Bodenplatten aus Rheinsberg verwenden zu können, gab er seine Genehmigung zum Baubeginn.

Die Herbstreise des Jahres 1825 führte Prinz August zuerst für einige Tage nach Ruhberg zu Radziwills. Der Grund für diesen Besuch war die neueste Entwicklung in den Beziehungen von Prinz Wilhelm und Elisa. Fürst Wittgenstein war auf den Gedanken gekommen, statt des Zaren solle Prinz August seine Nichte adoptieren, um sie so zum Mitglied des Königshauses zu machen. Aus Liebe zu ihrer Tochter überwand Luise Radziwill ihren Widerwillen gegen jede Form von Geschäften mit ihrem Bruder, der in diesem Falle aber ganz Teilnahme und ohne weiteres bereit war, seine Nichte an Kindesstatt anzunehmen. Es wurde ausgemacht, daß sie 20 000 Taler Mitgift bekommen solle – die Frage der Erbberechtigung ließ man vorläufig wohlweislich aus dem Spiel.

Alle Beteiligten und Unbeteiligten sahen darin ein sicheres Zeichen für den glücklichen Ausgang des Romans, und der Prinz selbst betrachtete sich als verlobt, obwohl nochmals einige Gutachten abzuwarten waren.

Währenddessen wohnte Prinz August den Manövern in Magdeburg bei. Abends hörte er Musik im Dom, an einem anderen in der Oper „Die Hochzeit des Figaro".

Nach Abschluß der Übungen nahm er seinen Weg über Minden, Lippstadt und Koblenz nach Paris, wo er Ende September eintraf. Dieses Mal kam er ganz offiziell, wurde „ungemein zuvorkommend behandelt", wie sein Begleiter Scharnhorst bemerkte, und hatte ein so umfangreiches Besichtigungsprogramm, daß nur wenig Zeit blieb für private Unternehmungen. Man zeigte ihm alle Einrichtungen, die ihn interessieren konnten, darunter die „Ecole polytechnique", die „Ecole d'état major" und die „Ecole des ponts et chaussées", und beteiligte ihn an einer Sitzung des „Comité d'Artillerie". Er war Gast des Innenministers, und der französische König nahm ihn mit auf die Jagd. Der König war so höflich, August die ganze Strecke eines Tages zu schenken, und der Prinz schickte Juliette einen Teil des Wildes und zwanzig Fasane für ihre Tafel.

Sie hielt sich nicht in ihrer Pariser Wohnung auf, und in Chateaubriands Landhaus „La Vallée aux loups" war es für ihren alten Freund schwierig, sie allein zu sehen, ohne ihre Bekannten und den eifersüchtigen Chateaubriand. Aber der Prinz besuchte sie einige Male, und wie immer gelang es Juliette, August davon zu überzeugen, daß sie ihn doch ein wenig liebte. Daß sie älter geworden war, störte ihn nicht, wohl aber, daß sie sich neuerdings darauf verlegte, ihre Freunde zu ebenso eifrigen Katholiken machen zu wollen wie sie selbst einer war. Sie ging darin nach Augusts Meinung doch ein wenig zu weit, und er warnte sie davor, tiefe religiöse Gefühle mit den allerweltlichsten eine Verbindung eingehen zu lassen, „wenn sie sich auch durch die Bekehrung Chateaubriands einen hervorragenden Platz unter den Missionaren erobert habe".

Auf seiner Heimreise nach Berlin im Oktober begleitete ihn eine erinnerungsschwere Lektüre. In Brüssel waren die mehrbändigen Memoiren der Madame de Genlis erschienen, der August in seiner ersten Pariser Zeit begegnet war. Ihre Kenntnis jedes bedeutenden Mitglieds der Pariser Gesellschaft verhalf ihr als Schriftstellerin zu einem großen Publikum für ihre Darstellung der Zeit von 1756 bis in die zwanziger Jahre des 19. Jahrhunderts. Zwar gefielen

August ihr guter Stil und der Mut, mit dem die Autorin die Religion zu einer Zeit verteidigt hatte, als sie in Frankreich verfemt war, weniger ihre ermüdenden Wiederholungen und ihre zu stark hervortretende Eitelkeit. Aber ihre Neigung zur Revolution von 1789 und später zu Napoleon erschien ihm suspekt, und gerade die Passagen, die sich mit Juliette beschäftigten, erregten sein Mißfallen. Madame de Genlis behauptete, es fehle Madame Récamier an Unternehmungsgeist und wirklichen Talenten. Aber was war die Beherrschung von Mathematik oder Chemie gegen Juliettes unbeschreiblichen Zauber, und hatte sie je gezögert, wenn sie ein gutes Werk tun, einen Bedrängten verteidigen konnte? Wie er von Juliette erfahren hatte, gedachte Madame de Genlis auch noch eine Novelle herauszubringen, die seine und Juliettes Geschichte zum Gegenstand haben würde. Bisher hatte nur Juliette selbst sie zu sehen bekommen, da Madame de Genlis das Urteil der Heldin klugerweise noch vor dem Druck einholen wollte.

Das Jahr 1825 endete mit einem gänzlich unerwarteten Ereignis. Am 1. Dezember starb ganz plötzlich der Verbündete Preußens, Zar Alexander I., weit entfernt von seiner Hauptstadt. Allgemein verbreitete sich Bestürzung. Der Zar war noch jung gewesen, und der Nimbus des Befreiers haftete ihm an August erinnerte sich des Wohlwollens, das er ihm stets gezeigt hatte, und betrachtete seinen Tod als „ein Unglück für die Welt, aber besonders für Rußland und Preußen".

Aber da der ältere Bruder des kinderlosen Toten, Konstantin, auf den Thron verzichtete, bestieg ihn der jüngere, der Schwiegersohn des preußischen Königs. Von Zar Nikolaus I. war somit keine Änderung der russischen Politik Preußen gegenüber zu erwarten.

Die Familie Radziwill sah darin sogar einen Glücksfall für ihr familiäres Ziel einer Ehe zwischen Elisa und Prinz Wilhelm, da die neue Zarin bisher immer ihre Hand über die Liebe ihres Bruders gehalten hatte. Doch blieb nichts übrig als weiterhin abzuwarten, wie die Gutachten der Minister ausfallen und damit der König sich letztlich äußern würde.

Im Januar 1826 erschien eine Bittstellerin im Palais Prinz Augusts, die ihn unter vier Augen an die Bezahlung einer Schuld seines Bruders Louis Ferdinand an ihren Vetter mahnen wollte. Sie verließ es mit einem Geldstück „für einen neuen Überrock" und dem Versprechen des Prinzen, etwas für ihre verarmte Familie zu tun. August vergaß die flüchtige Begegnung mit der hübschen Kleinen unter den Vorbereitungen für den Besuch des Herzogs von Wellington, der auf seinem Wege zu den Begräbnisfeierlichkeiten für Zar Alexander in St. Petersburg einige Tage in Berlin zu bleiben gedachte und dem zu Ehren August am 18. Februar ein glanzvolles Fest geben wollte.

Doch war das Mädchen Friederike Gottschalk noch nicht völlig aus seinem Leben verschwunden. Vielmehr erreichte ihn im April erst ein ungelenker Brief, dem er keine Beachtung schenkte, und dann eine Klagedrohung ihres Vaters, des jüdischen Schneiders Gottschalk, denn die unmündige 17jährige war schwanger, gab August als Vater ihres ungeborenen Kindes an und verlangte die entsprechende Unterstützung. Der Prinz übertrug den Fall seinem Rechtsbeistand, Justizrat Tempelhoff, der die Beschuldigung zurückwies. Da August nicht bestritt, das Mädchen verführt zu haben, aber jede Zahlung verweigerte, blieb nur übrig, Friederikes Lebenswandel in möglichst schlechtem Licht und Augusts Vaterschaft damit unwahrscheinlich erscheinen zu lassen. Zu diesem Zweck ließ der Justizrat allen dahinlautenden Klatsch aus der Nachbarschaft der Gottschalks zusammentragen und teilte deren Beauftragten, Justizkommissar Bauer, das Ergebnis seiner Ermittlungen und die Ablehnung des Prinzen mit, der hoffte, die lästige Angelegenheit damit los zu sein. Aber sei es, daß die Gottschalks Augusts Ruf eines notorischen Verführers kannten und den wohlhabenden Herrn nicht so leichten Kaufs davonkommen lassen wollten – August argwöhnte eine ganz plumpe Geldschneiderei –, sei es, daß sie sich als unbescholtene Leute wirklich in ihrer Ehre gekränkt fühlten, sie setzten dem Prinzen jedenfalls weiter zu und erreichten zunächst, daß Friederike für die Zeit ihrer Schwangerschaft auf Kosten des Prinzen bei einem armen Musiklehrer Schultz in der Linienstr. 152 untergebracht wurde.

Damit wandte August sich wieder seinen Bauten zu. In Rheinsberg drohte der nordöstliche der beiden seinerzeit von Prinz Heinrich dem Schloß zugefügten Pavillons wegen seines schlechten Untergrundes einzustürzen und mußte abgerissen werden.

Schinkel, der das Schloß nicht unter die erhaltenswerten Bauwerke rechnete, schlug eine weniger solide und damit billigere Ausführung des Neubaues vor, für die die Summe, die der König als Eigentümer von Rheinsberg dafür bewilligt hatte und die August nicht durch eigene Mittel zu erhöhen gesonnen war, ausreichen würde.

Viel mehr Aufmerksamkeit schenkte Prinz August seinem Gartensalon in Bellevue, aber immer noch waren die Wände zu naß, als daß mit der Ausmalung hätte begonnen werden können, obwohl die fünf hohen Glastüren an allen warmen Tagen weit offen standen und Luft genug einließen. Daß es ein entzückender Raum werden würde, konnte man schon ahnen. Die Kuppel sollte ein gemaltes Gewölbe aus goldenen Gitterstäben, von dichten Fruchtschnüren umwunden – vor tiefblauem Himmel –, darstellen. Blattranken sollten die Pilaster überziehen und die Mitte der Felder dazwischen kleine Medaillons mit antiken Motiven einnehmen. Zur Ausstattung des heiteren Raumes waren schon ein großer runder Mahagonitisch und eine Anzahl Stühle in Auftrag gegeben, ebenso vier kleine Diwane für die wenigen Wandflächen.

Im Juni 1826 entschied sich endlich das Schicksal von Prinz Wilhelm und Elisa. Der König teilte seinem Sohn mit, daß aus ihrer Heirat nichts werden könne und der Prinz Elisa entsagen müsse. Die Eltern Radziwill verbargen ihren Zorn und ihren Kummer und zogen sich auf Jahre völlig nach Posen zurück, Elisa selbst nahm ihr Schicksal mit Ergebung hin. August konnte für seine Nichte nichts mehr tun, dem Prinzen Wilhelm schrieb er: „Gern hätte ich zu Ihrem gegenseitigen Glücke etwas beitragen mögen; mir bleibt nur der Trost, Ihnen wenigstens meinen guten Willen gezeigt zu haben." Zwei Jahre später heiratete Wilhelm dann ohne irgendwelche Hindernisse Prinzessin Augusta von Sachsen-Weimar.

Am 14. September wurde in der ärmlichen Wohnung des Musiklehrers in der Linienstraße ein Kind geboren, das den Namen Mathilde Agnes erhielt und als dessen Vater Friederike Gottschalk unbeirrt Prinz August angab. Die Geburt wurde ihm mitgeteilt, nicht ohne zugleich Mittel für die Beschaffung von Kinderbetten und Ausstattung des Säuglings zu fordern.

Er zahlte zwar, jedoch unter Hinweis, es geschehe aus Gnade, keineswegs aufgrund eines Rechtsanspruchs. Seine Besorgnisse vor weiteren Forderungen waren auch nicht unbegründet, tatsächlich erhob Vater Gottschalk ein Jahr später Klage gegen ihn auf Zahlung von 10 000 Talern Entschädigung an seine Tochter und auf das gesetzliche Erbrecht des Kindes. Hierauf ließ der Prinz seinen Rechtsbeistand wissen, er sei höchstens zu einer Zahlung von 200 Talern bereit. Tempelhoff wußte, was von ihm erwartet wurde, zumal er selbst gleichzeitig ein Geschenk von 300 Talern in Gold erhielt. In langwierigen Verhandlungen gelang es ihm, die Forderungen der Gottschalks auf 1000 Taler herunterzudrücken und sie zur Rücknahme der Klage zu bewegen. Das rief jedoch die Vormundschaftsbehörde, das Königliche Pupillenkollegium, auf den Plan, das kraft seines Amtes für das Interesse des Kindes eintrat.

Friederike Gottschalk verlobte sich im Januar 1829 mit einem Hamburger Kaufmannssohn, Sally Alexander, dem sie die verlangten 1000 Taler als Mitgift versprach. Als die Aussicht darauf geringer wurde, wandte sie sich noch einmal selbst an Prinz August und bat flehentlich, ihr doch das Geld zu geben, damit sie nicht die Aussicht auf eine Heirat und bessere Lebensbedingungen ganz verlöre, und die beteiligten Juristen rieten, damit den Fall zu beenden. Doch August in „seiner rücksichtslosen Starrheit", wie sein Stabschef Scharnhorst diesen Charakterzug seines Vorgesetzten bezeichnete, blieb dabei, „die Sache zu möglichst billigen Bedingungen abmachen" zu wollen, und erst, als Friederike Gottschalk geheiratet und sich mit 500 Talern und Zahlung der Prozeßkosten als zufriedengestellt erklärt hatte, bewilligte er schließlich diese Summe. Die Prozeßkosten handelte er jedoch noch herunter. Für ihr Kind, das zunächst bis 1833 beim Großvater lebte, erhielt Friederike Alexander das Doppelte der Alimente, zu denen Offiziere der preußischen Armee in solchen Fällen verpflichtet waren, nämlich monatlich fünfzehn Taler. Später stellte sich heraus, daß das Kind ein geistiger Krüppel und lebenslang hilfsbedürftig war.

Die anderen Kinder, die August in dieser Zeit geboren wurden, hatten es besser. Am 23. Juni 1827 kam seine Tochter Elise in Rheinsberg zur Welt, am 13. Juli 1828 folgte ein zweiter August von Prillwitz, denn der kleine „Prachtaugust", von dessen kräftiger Konstitution seine Mutter so überzeugt gewesen war, hatte kaum sein erstes Jahr überlebt, so daß der Name wieder „frei" war. Am 23. Juli 1829 erschien Louis, am 3. September 1830 Marie, die aber bereits am 1. Mai 1831 starb, und schließlich Klara am 21. Oktober 1831. Sie alle wurden freudig begrüßt und liebevoll betreut. August betrachtete seine wachsende Kinderschar mit sorglosem Vergnügen, überhaupt genoß er das Leben wie eh und je. Nur Juliette gegenüber gab er sich einen etwas melancholischen Anstrich, als er ihr sein seit Jahren versprochenes Porträt endlich im Herbst 1828 schickte und dazu schrieb, er habe sich „malen lassen, wie das Alter ihn gemacht habe". Tatsächlich hatte ihm Krüger nicht zu schmeicheln brauchen. Seine Gestalt war nur wenig voller geworden, dabei aufrecht und beweglich wie immer, sein Haar lag dicht und wohlfrisiert um das Gesicht mit dem kleinen Schnurrbart, den er seit seinen ersten Feldzügen trug, und seine Züge drückten mehr denn je Willenskraft und Entschlossenheit aus.

Im Frühjahr 1829 begab er sich zu Manövern nach Wien, die die Österreicher wegen des russisch-türkischen Krieges mit besonderem Nachdruck veranstalteten.

Mit dem Ausbruch der Julirevolution in Frankreich kam auch das übrige Europa wieder in Bewegung. Die Franzosen befreiten sich von ihrem reaktionären König Karl X. und wählten den Herzog von Orléans, Louis Philippe, zum „Bürgerkönig". Die Unruhen in Frankreich ermutigten auch die Bürger anderer Länder zur Erhebung, in Belgien brodelte es, ebenso in Sachsen und Hessen, und die Braunschweiger jagten einen Herzog zum Teufel, der kein Muster von Herrschertugenden gewesen war. Die Polen, stets bemüht, die Russen los zu werden, setzten Nikolaus I. als König von Polen ab. Hier konnte Preußen nicht unbeteiligt bleiben, ein Beobachtungskorps wurde in Marsch gesetzt, um die Ruhe in den preußischen Gebieten zu wahren.

Prinz August war der Meinung, nur von Frankreich hinge Krieg oder Frieden ab, hier würde sich Preußen gegen jede territoriale Veränderung zur Wehr setzen. In den kleinen deutschen Revolutionen sah er nichts Bedrohliches, ein feindlicher Einbruch von außen werde augenblicklich die Einmütigkeit wieder herstellen. Trotz der unsicheren Lage sehnte er den Krieg keineswegs herbei und bedauerte vielmehr das in Polen so unnütz vergossene Blut. Er hatte es leichter, Partei zu ergreifen, als sein Schwager Radziwill, der als Pole von Geburt, aber in preußischen Diensten und damit Verbündeter der Russen in die Lage kam, seine eigenen Verwandten in den Reihen der Aufständischen zu sehen.

Noch ein anderer Feind näherte sich Preußen in diesem Jahr von Osten her, der nicht mit Armeen niedergehalten werden konnte: die Cholera. Prinz August befand sich noch auf seiner Inspektionsreise, als er von Krankheitsfällen in Berlin hörte, und kehrte augenblicklich nach Hause zurück. Im Vertrauen auf die gesunde Berliner Luft, die breiten, sauberen Straßen, hielt er die Gefahr für nicht allzu groß, und tatsächlich starb niemand aus seiner Umgebung an der Seuche, wie er Juliette, die sich teilnehmend nach seiner Lage erkundigt hatte, beruhigend schrieb. Doch befand sich unter den Opfern Feldmarschall Gneisenau, der das preußische Korps in Posen befehligt hatte, und am 16. November fiel ihr Augusts einstiger Adjutant General Clausewitz zum Opfer. Diese beiden Todesfälle des Jahres 1831 gingen ihm nahe, Gneisenaus Tod nannte er „einen unersetzlichen Verlust für den König, den Staat und die Armee".

In diesen Monaten erschien auf dem Pariser Buchmarkt Madame de Genlis Erzählung „Le Château de Coppet", in der die Liebesgeschichte Augusts und Juliettes ihre literarische Form gefunden hatte. August las sie mit lebhafter Anteilnahme, die Darstellung von Juliette gefiel ihm, wogegen er die ins Lächerliche gezogene Gestalt des guten Schlegel als ungerecht empfand; und im ganzen berührte es ihn eher unangenehm, daß die Empfindungen noch lebender Personen vor der Öffentlichkeit ausgebreitet und damit zum Allgemeingut wurden.

Auch hätte es des Buches nicht bedurft, um seine Erinnerungen aufzufrischen, denn im Herbst 1832 führte ihn sein Weg nach Italien nochmals durch die Schweiz, und er sah den Genfer See und einige andere Schauplätze des Jahres 1807 wieder, nun nicht mehr in innerem Aufruhr, sondern nur noch mit wehmütigem Bedauern, daß die Umstände oder das Schicksal keine Vereinigung mit Juliette zugelassen hatten.

Einige Tage blieb er in Bern beim preußischen Gesandten von Olfers, von dort setzte er Mitte November seine Reise über Mailand und Genua fort, um sich dann längere Zeit in Pisa aufzuhalten.

Dort erwartete ihn Auguste, von Schinkel wohlversehen mit Hinweisen und Ratschlägen bezüglich der Sehenswürdigkeiten, hauptsächlich aber, um ihre Gesundheit durch einige Wochen Kur wiederherzustellen. Als August zum Jahresende nach Berlin zurückkehrte, befanden sich in seinem Gepäck als Reiseandenken zwei Gemälde von Canaletto, denen Schinkel später den richtigen Platz in Augusts rotem Zimmer geben mußte.

Die Kur, die Auguste im nächsten Jahr in Ischl wiederholte, hatte keinen dauernden Erfolg, 1834 starb sie trotz aller ärztlichen Bemühungen in Prillwitz. Zurück blieb nur das Porträt Wilhelm von Schadows von 1820/21, an dem August getadelt hatte, daß die Ähnlichkeit nicht sehr groß „und Kleidung und Hintergrund noch zu bunt" seien.

Im Jahr von Augustes Tod nahm Prinz August einige Veränderungen in seinem Haushalt vor. Anlaß dazu war die Ver-
mählung seines ältesten Sohnes Eduard von Waldenburg mit
Orlinda von Klitzing, die am 25. Juni auf Gresse bei Boitzen-
burg gefeiert wurde. Das junge Paar brauchte eine eigene Wohnung, und der Prinz wies ihm den nördlichen Hofflügel des seit
dem Tode der letzten Hofstaaten seiner Mutter leerstehenden
Erdgeschosses in seinem Palais an.

Außerdem übertrug er seinem Sohn die seit vielen Jahren
offene Stelle des Hofmarschalls. Eduard sah seinem Vater außer-
ordentlich ähnlich, nur waren Haar und Augen dunkler. Ob ihm
die eigenartige Lage, sowohl als Sohn wie als Angestellter bei
seinem Vater zu leben, lieb war oder nicht, blieb jedenfalls der
Öffentlichkeit verborgen, der Prinz hatte es so bestimmt, und
Eduard versah sein Amt mit der offenbar ererbten Genauigkeit.

Seine Schwestern, die nach wie vor keine Neigung zeigten,
sich zu verheiraten, wurden ein wenig entschädigt dadurch, daß
Prinz August ihnen ebenfalls im Erdgeschoß der Wilhelmstraße
65 rechterhand vom Eingang fünf Räume zu Repräsentations-
zwecken einrichten ließ. Noch vor Eduards Hochzeit erging der
Auftrag an Schinkel, mit dem unvermeidlichen Hinweis, daß die
Einrichtung „nicht sehr kostbar sein dürfe, aber anständig sein
müsse". Eveline durfte die Tapeten aussuchen, wobei jedoch
keine seidenen vorgesehen waren, bis auf ein Zimmer, in dem ein
bereits vorhandener blauer Seidenstoff verwendet werden sollte.
Schinkel wies in seinem Gutachten darauf hin, wie schonend das
neue Verfahren, die alte Farbe an Wänden und Decken abzuwa-
schen, nicht abzureiben, für Fußböden und alle übrigen Zimmer
sei, da der lästige Kalkstaub dadurch gar nicht erst aufträte.
Anders als bei seiner eigenen Einrichtung zeigte sich Prinz August großzügig, wo es sich um die Wünsche seiner Töchter
handelte. Blaues Zimmer, rotes Zimmer, Büfettzimmer und besonders das weiß-goldene Kabinett auf der Hofseite wurden sehr
elegante Räume mit zierlich gemalten Decken „in pompejani-
scher Art" und schönen Mahagonimöbeln. Der sogenannte Saal,

ein größeres hinter dem Treppenhaus zum Garten hin gelegenes Zimmer, das nicht nur den Schwestern Waldenburg, sondern auch Eduard als Festsaal dienen sollte, war so gut erhalten, daß Schinkel ihn in seiner rosaroten, weiß-gold verzierten Bemalung bestehen ließ.

Wenn nun lange Wagenreihen vor dem Palais hielten, mußten sie nicht auf eine Gesellschaft bei Prinz August deuten, auch seine Kinder hatten ihren eigenen Kreis von Bekannten.

Emilie von Ostrowska. Miniaturkopie von John Dudley.

12 Emilie (1832–36)

Adam vov Ostrowski, geboren 1764, gehörte zu einer in Polen weit verbreiteten Familie, von der sich ein Zweig irgendwann in Preußen niedergelassen hatte und 1798 geadelt worden war. Adam hatte als Stabskapitän im Infanterie-Regiment Prinz v. Oranien den unglücklichen Feldzug von 1806 mitgemacht und war nach der Neuorganisation des Heeres bei der Gendarmerie untergekommen, bis er Anfang der zwanziger Jahre als Major außer Dienst gestellt wurde. Seine erste Frau, eine geborene von Pipor, war 1805 gestorben, 1809 heiratete er Friederike Marie Durgschlag, mit der er bereits einen Sohne hatte, am 13. Juli 1809 wurde Friederike Helene geboren, am 16. August 1810 Emilie Mathilde, die jedoch schon als Kind starb. Es folgten 1813 noch ein Sohn, und schließlich, nachdem die Familie nach Perleberg übergesiedelt war, am 5. Mai 1817 Emilie Caroline Luise. Nach seiner Pensionierung kehrte Ostrowski mit Frau und Kindern nach Berlin zurück, wo sie in der Mohrenstr. 11 eine Wohnung nahmen. Nach dem Tode seiner Frau 1831 lebte der Major mit seinen Töchtern und einer Haushälterin allein, der jüngere Sohn – der ältere war ebenfalls schon tot – war inzwischen wie sein Vater in die Armee eingetreten.

Man lebte bescheiden, wie es eben die Mittel eines alten Offiziers erlaubten, und auf eine große Mitgift konnten die beiden heranwachsenden Mädchen nicht rechnen, auch wenn zumindest Emilie sich zu einer richtigen Schönheit entwickelte. Sie war ziemlich groß, dabei aber sehr zart und anmutig, und ein für ihre jungen Jahre rührender Ernst lag über ihrem ebenmäßigen blassen Gesicht. Nur im engen Familienkreis besiegte manchmal ein Ausbruch von Ausgelassenheit ihre Schüchternheit.

Dieses junge Mädchen hatte nach dem Tode von Auguste von Prillwitz den leeren Platz in Prinz Augusts Leben eingenommen. Mit gewohnter Zielstrebigkeit hatte er Emilie umworben, hatte ihr Blumen geschickt oder Früchte oder einen seiner dunkelgrünen, rot gepolsterten Wagen, der sie und ihre Schwester Helene durch den Tiergarten spazieren fuhr. Da es den Nachbarn nicht lange verborgen blieb, wer der stattliche Mann mit der gebieterischen Haltung war, der dem Fräulein von Ostrowska so häufige Besuche machte, war sie erleichtert gewesen, als ihr der Prinz im Frühjahr 1832 eine eigene Wohnung in der Leipziger Straße einrichtete, die sie mit ihrer Schwester bewohnte. Zwei Hausmädchen und ein livrierter Diener kümmerten sich um den Haushalt, und wenn der Prinz eine Mahlzeit bei ihr einnehmen wollte, wurde das Erforderliche vom Palais herübergeschafft. Zusätzlich hatten einige Lakaien des Prinzen abwechselnd den Auftrag, sich bei Emilie aufzuhalten, Tag und Nacht, und sich nicht zu entfernen, ohne daß ein anderer sie ablöste. Sie wußten jeden Besucher abzuweisen, ganz gleich, ob es ein bekannter oder unbekannter war, und offensichtlich berichteten sie ihrem Herrn von solchen Personen, denn er pflegte Emilie stets zu fragen, ob und woher sie diesen Herrn oder jene Dame kenne. Niemand sollte sich ihr ohne sein Wissen nähern. August bestimmte ihr Tun und Lassen, weil er gewöhnt war, das Leben seiner Freundinnen zu beherrschen – und sie war so besonders jung und unerfahren –, ganz gleich, ob er anwesend war oder wie im Jahre 1832 eines gebrochenen Schlüsselbeins halber wochenlang zu Hause bleiben mußte.

Selbst von Kalisch aus, wo 1835 im September zur Erinnerung an das preußisch-russische Bündnis ein großes gemeinsames Heerlager mit russischen Truppen abgehalten wurde, eine unbeschwerte Wiederholung der ernsten Zeit von 1813, mit Paraden und Feuerwerk, fand August Zeit, sich darum zu kümmern, daß die Livree für Emilies neuen Bedienten für ihn passend gemacht werden müsse.

Emilie verbrachte die Sommermonate in Prillwitz, und das Landleben tat ihrer zarten Natur gut. Der Prinz gab rechtzeitig Anweisung, daß ihre Zimmer für ihre Ankunft instand gesetzt, daß alles hingeschickt wurde, was sie an Kerzen, Tischsilber oder Wein gebrauchen würde, wies seine Verwalter an, ihrer Küche Milch, Butter, Eier, Gemüse und Fleisch zu liefern, und schickte überdies einen Lakaien voraus, der darauf zu achten hatte, daß niemand Fremdes den Garten betrat und der mit jedem Posttag einen Bericht über alle Vorkommnisse schreiben sollte. Emilie und Helene folgten einige Tage später gemächlich nach, ließen sich in Schwedt ein Mittagessen geben und waren abends in Prillwitz. Ihre Tage gingen gleichförmig dahin, nichts gab es zu berichten als Spaziergänge oder eine Ausfahrt oder das Lahmen eines Pferdes.

Immerhin geschah es einmal, daß unter die mitgenommenen Weinflaschen eine Flasche Brennspiritus geriet, der Emilie serviert wurde und von dem sie ahnungslos einen Schluck genommen hatte. Sie geriet darüber in große Aufregung und teilte diese Unachtsamkeit August sogleich mit, und er befahl von Königsberg aus seinem Sekretär Franke, den Schuldigen zu ermitteln und ihm umgehend über diesen scheinbaren Vergiftungsversuch Bericht zu erstatten. Emilies Gesundheit gab ohnehin Anlaß zur Sorge. Im Jahr 1837 drang Augusts Leibarzt, Geheimrat Dr. Etienne Barez, energisch auf eine Kur Emilies, da sie erschreckend schwach schien.

Gerade weil er selbst eine so kräftige Konstitution hatte und selten krank war, maß Prinz August dem körperlichen Wohlbefinden seiner Angehörigen meist viel Bedeutung bei, besonders da er feststellen mußte, daß seine Altersgenossen häufig weniger robuste Naturen waren. Die Zeitungen hatten gerade von einer gefährlichen Erkrankung Juliettes berichtet – sein besorgter Brief fand sie jedoch auf dem Wege der Besserung –, und erst vor wenigen Monaten war seine Schwester mit 66 Jahren gestorben, was ihn, ungeachtet aller Meinungsverschiedenheiten doch getroffen hatte. Auch Fürst Anton selbst und Augusts Nichte Elisa lebten schon nicht mehr. So war August sehr bereit, Emilie zu ihrer Kräftigung nach Interlaken zu schicken.

Emilie schien der Gedanke, so weit zu reisen, zugleich verlockend und auch erschreckend. Weiter als nach Prillwitz war sie noch nie gekommen, und nun sollte sie gleich mehrere Grenzen passieren. August beschloß, seinen getreuen Uhde, seit einigen Jahren zum Hofrat avanciert, als Reisemarschall mit Emilie und ihrer Schwester reisen zu lassen.

Trotz des Vertrauens, das August in Uhde setzte, verwandte er doch noch einige Stunden darauf, eine 20seitige Instruktion für ihn auszuarbeiten. Nach einigen allgemeinen Äußerungen wie, daß es notwendig sei, daß „einer jungen Dame wie Frau v. Ostrowska, welcher Sr. Kgl. Hoheit mit der zärtlichsten Anhänglichkeit zugetan sind, jemand zur Seite stehe", der alles beachte, was für „das physische und moralische Wohl derselben erforderlich und nützlich sei" und bei den „bedeutenden Kosten der Reise dahin wirke, daß hinsichtlich der Kosten haushälterisch verfahren werde", ging Prinz August zu Einzelheiten über und bestimmte unter anderem, daß die Vorschriften von Dr. Barez pünktlichst zu befolgen und im Krankheitsfall der geschickteste am Ort befindliche Arzt zu nehmen sei, wofür eine Liste von Ärzten beigefügt war. 400 Taler sollten den Reisenden mitgegeben werden, dazu ein Kreditbrief über 2000 Taler, wovon die Kosten für Beförderung, eventuelle Wagenreparaturen, Wohnung, Heizung und Verpflegung, ferner Trinkgelder, Theaterbilletts und Eintrittsgelder, Arzthonorare, Medikamente, Porto und die Gehälter der Bedienten zu bestreiten waren. Daß über diese Ausgaben genauestens abzurechnen war, verstand sich von selbst, dennoch handelten die letzten vier Seiten der Instruktion ausschließlich von der Form der Rechnungslegung. Was die Aufbewahrung des Reisegeldes und der Pässe in den Gasthöfen betraf, so ordnete der Prinz an, daß sie in einem festen Kasten mitzuführen seien, der in den verschiedenen Zimmern mittels einer im Innern befindlichen Schraube auf dem Fußboden befestigt werden müsse.

Der Reisewagen, mit vier Postpferden bespannt, die auf jeder Poststation zu wechseln waren, sollte morgens jeweils möglichst früh abfahren, jedoch niemals in der Dunkelheit, und der Postillion durfte sich keinesfalls vom Wagen entfernen. Von Emilie sollte die Länge der täglichen Strecke, eine auskömmliche Pause während der Mittagshitze eingerechnet, abhängen, schlechte Wegstrecken und Gegenden, in denen „Cholera, Räuber, Überschwemmungen oder andere unsichere Umstände" zu erwarten waren, sollten möglichst umgangen werden. Gasthöfe und Privatquartiere hatte Uhde auf Reinlichkeit und Ordnung zu begutachten, bevor Emilie sie betreten würde. Schließlich machte der Prinz es dem Reisemarschall zur besonderen Pflicht, „in allen Fällen, wo etwas geschehen oder beabsichtigt werden sollte, was ihrem – Frau von Ostrowskas – Rufe zum Nachteil gereichen könnte, oder wodurch der äußere Anstand möglicherweise verletzt werden möchte, die dringendsten Vorstellungen dagegen zu machen und dahinzuwirken, daß sein Rat befolgt werde". Außerdem hatte er darauf zu achten, daß Emilie keine Besuche machte oder empfing und daß sie nur „solche öffentlichen Orte besuchen möchte, an welchen eine junge Dame anständigerweise erscheinen kann", und es womöglich vermied, Bekanntschaften zu machen, jedenfalls aber die „jüngerer Personen". Hier blickte ein wenig Eifersucht des Prinzen durch, der Emilie für den Fall, daß es sie nach Gesellschaft verlangte, an den ungefährlichen Hofrat verwies. Ihm oblag es zudem, wochentliche Berichte über den Verlauf der Reise zu schreiben, und falls er keine Zeit dazu fände, Emilie „dazu aufzufordern".

Den Reisevorschriften lag noch eine besondere Anweisung des Arztes bei, in welcher Weise die Molke zu trinken sei, wann Emilie zu ruhen oder spazierenzugehen habe und daß sie nur leichte Speisen und bekömmliche Getränke zu sich nehmen solle.

Die Reisenden brachen denn auch wirlich am 26. Juni auf. Der große viersitzige Wagen wurde mit dem umfänglichen Gepäck beladen, Emilie und Helene nahmen darin Platz, ebenso Hofrat Uhde, der Diener und die Kammerjungfer kletterten auf den Bock, und schwerfällig setzte sich der Wagen in Bewegung durch die noch ganz stillen Straßen und zum Neuen Tor hinaus.

Um diese Zeit waren erst wenige Fuhrwerke unterwegs, und man schloß des Staubes wegen, den sie aufrührten, die Fenster. Berlin blieb zurück, Potsdam war durchfahren, als plötzlich ein Ruck durch den Wagen ging und lautes Schreien des Dieners erscholl. Der Wagen hielt, und der Hofrat sah mehrere Personen über den Straßengraben springen und im Dickicht verschwinden. Einer der hinten aufgeschnallten Koffer fehlte, die durchschnittenen Riemen hingen herab. Von den Räubern war natürlich nichts mehr zu sehen. Dieser Fall war in der Instruktion Seiner Königlichen Hoheit nicht vorgesehen. Uhde ließ den Wagen wenden und bis Potsdam zurückfahren. Emilie und Helene überlegten, was sich in dem Koffer befunden hatte. Das blau-gelbe Umschlagtuch, der schöne neue Hut aus braun-weißem Stroh mit den rosa Bändern! Und das himmelblaue Seidentuch, die Nachthauben, die Kragen, die gelben Handschuhe! So konnte Uhde bei der Potsdamer Polizei ein ziemlich genaues Inhaltsverzeichnis von 27 Gegenständen hinterlassen, bevor man erneut aufbrach und durch Geschwindigkeit einen Teil der verlorenen Zeit aufzuholen suchte.

Die weitere Reise verlief aber völlig wie geplant, und Emilie befolgte gehorsam alle ärztlichen Anweisungen. Nach Beendigung der Molkenkur besuchten die Reisenden einige Orte am Genfer See, ehe Emilie dort die anschließende Traubenkur begann. Als sie im Oktober nach Berlin zurückkehrte, hatte sie sich gut erholt und fand zu ihrer Freude auch einen Teil ihrer gestohlenen Kleidungsstücke wieder vor. Die Polizei hatte eine fünfköpfige Diebesbande festgenommen, denen sie abgenommen worden waren. Auch der kleine schwarze Lederkoffer, den die Diebe im Wald weggeworfen hatten, war wieder da.

13 Reise in die Türkei –
Thronwechsel in Preußen
(1837–42)

Anfang September desselben Jahres war Prinz August zusammen mit seinem Sohn Eduard zu seiner weitesten Reise aufgebrochen, zunächst über Polen nach Rußland, wo Zar Nikolaus, ein Bewunderer der preußischen Armee, den Chef der Artillerie an allen Reisestationen mit großer Aufmerksamkeit empfangen und ihm ehrenhalber das Kommando über die 1. Artilleriebrigade eines russischen Grenadierkorps übertragen ließ. Der Prinz besichtigte Festungen und wohnte Manövern bei. 41 000 Reiter und 144 Geschütze mit berittener Mannschaft ließ der Zar vor August aufmarschieren, der denn auch versicherte, ein so eindrucksvolles Bild nicht im Frieden und kaum jemals im Kriege gesehen zu haben, wenn auch seiner Meinung nach die Beweglichkeit der Truppen nicht mit ihrer prächtigen Ausstattung Schritt hielt. Je weiter er ins Innere Rußlands kam, desto trostloser erschienen ihm Land und Leute. Dem Bewohner eines freieren Landes mißfielen die Zeichen von Sklaverei, die ihm begegneten, lediglich die Militärkolonien schienen ihm wie zivilisierte Oasen in der öden Steppe. In dem erst ein halbes Jahrhundert zuvor begründeten Odessa, einer lebhaften Handelsstadt, hätte Prinz August eigentlich umkehren sollen. Doch konnte er der Verlockung, nun auch die Türkei und Griechenland zu sehen, nicht widerstehen, zumal er dort den Herzog von Leuchtenberg traf, dessen Vater, Napoleons Stiefsohn Eugène Beauharnais, August vom Wiener Kongreß her gut kannte. Der junge Mann zeigte ebenfalls Neigung zu einem Ausflug nach Konstantinopel. So bestieg die kleine Gruppe österreichischer und preußischer Offiziere einen russischen Dampfer, der sie nach stürmischer Fahrt über das Schwarze Meer am Morgen des 25. September in den Hafen von Konstantinopel brachte und, soweit es August betraf, mit Gesichts- und Beinverletzungen, da er sich geweigert hatte, unter Deck Schutz zu suchen und gegen die Aufbauten geschleudert worden war.

Der preußische Gesandte Graf von Königsmarck nahm Prinz August und einen Teil des Gefolges in seine Residenz auf, jenseits der am anderen Ufer unter seidenblauem Himmel gelegenen Stadt. In seinem langen Reisebericht an Juliette rühmte August ihr die Landschaft am Bosporus als das Schönste, was er bisher gesehen habe: „Sie vereinigt das Malerische der Schweiz mit der Schönheit der Rheinufer und dem Reiz des Comer und des Gardasees."

Zudem tat Sultan Mahmud II. seinen europäischen Gästen besondere Ehre an. Gleich in den ersten Tagen erschienen mit prächtigem Gefolge die beiden Schwiegersöhne des Landesherren und kündigten zur Heilung der Verletzungen den Besuch des Leibarztes ihres Schwiegervaters an. August seinerseits begegnete dem Sultan am 4. Oktober zum ersten Male. Da Mahmud II. als fortschrittlicher Mann Reformen in seiner Armee durchzuführen gedachte, interessierte ihn der erste preußische Prinz, der jemals die berühmte Stadt besuchte, auch als Kommandeur einer wichtigen Waffe. Mit allem Zeremoniell wurde der Prinz empfangen, das königliche Empfehlungsschreiben, das er vorsorglich bei sich trug, gnädig entgegengenommen und ebenso gnädig die Erlaubnis zur Besichtigung der Schlösser und sonstigen Sehenswürdigkeiten der Umgebung erteilt. Daß der Sultan seinen Gast stehend begrüßte, ihn sogar während der Unterhaltung an seiner Seite Platz nehmen ließ, galt als außergewöhnlich.

Auch ein festliches Essen gab Mahmud II. dem jungen Herzog und dem preußischen Prinzen in seiner Sommerresidenz Beglerbeg. August fühlte sich in die Märchenwelt von „1001 Nacht" versetzt, zwar speiste der Sultan nicht mit den Christen, aber nach der Mahlzeit erschien er sehr familiär mit seinem jüngsten Sohn auf dem Arm und lächelte freundlich zu den Liebkosungen, die das hübsche Kind von den beiden Herren erhielt. Später erbat er dann Augusts Gutachten über die Befestigungen der Dardanellen und die Organisation der türkischen Armee und machte ihm kostbare Geschenke, eine goldene Emailledose mit 38 großen Diamanten zum Beispiel sowie einige arabische Pferde und einen mit Diamanten besetzten türkischen Säbel von feinster Damaszener Arbeit. Aber auch die in Europa so begehrten Kaschmirschals waren August in Hinblick auf seine Töchter nicht unwillkommen. Auch das Porträt des Sultans wurde ihm überreicht, eine für einen Moslem, dem seine Religion sonst die Abbildung von Lebewesen verbietet, überraschende Geste.

Solcherart gefeiert, reiste Prinz August weiter nach Smirna und von dort zu Schiff nach Athen. Dort mußte er den Quarantänebestimmungen entsprechend noch eine Woche an Bord in Piräus verbringen, wo ihn aber der seit 1832 regierende griechische König Otto und seine Gemahlin fast täglich besuchten und den Reisenden die Wartezeit mit Schiffsausflügen zum Kap Sounion und nach Ägina verkürzten.

Schließlich betrat August den Boden Athens, das noch starke Spuren der Kämpfe trug, die schließlich zur Unabhängigkeit Griechenlands geführt hatten. Doch die Akropolis verfehlte ihren Eindruck auch auf diesen Touristen nicht, wie Unzählige andere hielt August Umschau zwischen Parthenon und Erechtheion, die in ihrer unvergänglichen Schönheit unter dem hellen Himmel leuchteten. Weniger angetan war August von den politischen Zuständen Griechenlands, die Regierung erschien ihm zu schwach, der König trotz seiner guten Absichten nicht genug Herr der Lage und die Anwesenheit deutschen Militärs mindestens bis zur vollendeten Organisation der griechischen Armee durchaus notwendig.

Die Rückreise über Korinth mußte wegen eines drohenden Sturmes in Korfu unterbrochen werden, wo August sich auf einmal unter südlichem Himmel in nordeuropäische Zustände versetzt fand. Der englische Gouverneur ließ seine gut ausgestatteten Truppen auf dem großen Kricket-Platz inmitten der Stadt paradieren, die sich ebenso von den griechischen und türkischen unterschieden, wie die üppige Vegetation der Insel von den kargen Landstrichen des griechischen Festlandes.

Nach diesem kurzen Abstecher setzte August seine Reise ungestört bis Triest fort, wo er im Oktober eintraf und die Zeit der unerläßlichen Quarantäne dazu benutzte, Briefe zu schreiben sowie einen ausführlichen Bericht über seinen Aufenthalt in der Türkei zu überarbeiten. Schließlich kehrte er nach einem Höflichkeitsbesuch in Wien bei Kaiser Ferdinand, der ihm das Großkreuz des Stephansordens verlieh, nun schon im tiefen Winter nach Berlin zurück.

Gleich nach seiner Rückkehr bemühte sich August, dem gastfreundlichen Sultan seine Dankbarkeit zu erweisen, indem er seinerseits Geschenke für ihn auswählte, Bücher, Karten und einen vollständigen Satz von Instrumenten zur Aufnahme von Geschützrohren. Da diese Instrumente für die türkischen Maße passen mußten, wurden sie eigens angefertigt, dazu eine kleine Mahagonikiste als Behälter. Die Kosten dieses Geschenkes waren beträchtlich, aber Prinz August wußte den König durch den Minister Wittgenstein nicht nur dazu zu bewegen, die notwendigen 625 Taler dafür zu zahlen, sondern auch noch weitere 63 Taler Frachtkosten, indem er auf den halboffiziellen Charakter seines Besuches einerseits und andererseits auf die reichen Geschenke, die sein erzherzoglicher Mitreisender gemacht habe, hinwies.

In Berlin hatte es während Augusts Abwesenheit Fälle von Cholera gegeben, doch zu seiner Beruhigung waren seine Kinder alle wohlauf.

Auch Emilie ging es gut. Als sie für den Sommer nach Prillwitz übersiedelte, war sie schwanger, und der mitreisende Lakai erhielt besonders eindringlich Anweisung, sofort Bericht zu erstatten, „wenn sich etwas Außerordentliches ereignen sollte".

Aber nichts geschah, im August kehrte Emilie nach Berlin zurück, und am 25. September wurde dort Augusts Tochter Charlotte geboren.

Solange die meisten Berliner denken konnten, war „der König" immer König Friedrich Wilhelm III. gewesen, groß und gutaussehend, wortkarg und sparsam, in den letzten Jahren meist umgeben von seinen Söhnen. Der König pflegte sich zwar mit aller Würde, aber doch zwanglos inmitten seiner Untertanen zu bewegen. Sie sahen ihn bei Ausfahrten und Paraden, bei Spaziergängen in Charlottenburg und allabendlich in seiner Seitenloge im Theater, wo er, leicht vorgebeugt das Geschehen auf der Bühne verfolgend, es genoß, nur Zuschauer zu sein, nicht befehlend oder entscheidend handeln zu müssen. Hier stellte niemand Fragen an ihn, achtete niemand darauf, wenn er vor Schluß der Vorstellung noch im Dunkeln seinen Platz verließ und in sein Palais zurückkehrte.

Umsomehr fiel auf, daß der König an dem Tage, an dem das hundertjährige Jubiläum des Regierungsantritts Friedrichs des Großen festlich begangen wurde, nicht erschien. An diesem 1. Juni 1840 ließ Friedrich Wilhelm III. eine schon lange gehegte Absicht ausführen und am Anfang der „Linden" den Grundstein für ein Friedrich-Denkmal legen.

Prinz August begab sich wie die anderen Prinzen und das umfangreiche Gefolge zu seinem Großneffen Wilhelm, von wo man zu Fuß zu der vorgesehenen Stelle ging. Die Musik spielte, Fahnen wehten, die Vertreter der Bürgerschaft, Minister und andere hohe Staatsbeamte, Generäle und Prinzen bildeten einen Halbkreis, und die Truppen der Berliner Garnison standen in Höhe der Oper rechts und links Spalier. Die Anordnungen des Königs bezüglich des Denkmals wurden verlesen, eine Salve von 100 Kanonenschüssen dröhnte über der Versammlung, während der Kronprinz und die übrigen Prinzen den Grundstein legten.

Während die Zeremonie ihren Verlauf nahm, sah August am

Fenster der königlichen Wohnung eine gebückte Gestalt im weißen Hemd erscheinen und auf das Schauspiel herunterschauen. August wußte, daß der König seit Anfang des Jahres kränkelte, nun war er offenbar zu schwach, die Uniform anzulegen.

Der Bischof von Berlin segnete den Grundstein ein, die Glocken aller Kirchen erfüllten die Luft mit ihrem Klang, und der König war wieder verschwunden. Bevor er mit den anderen den Festplatz verließ, nahm August zwei Blätter eines der vielen Lorbeerkränze an sich, die die Stelle bezeichneten, an der sich das Reiterstandbild Rauchs erheben sollte.

Eine Woche später, am 7. Juni, einem leuchtenden Pfingstsonntag, starb Friedrich Wilhelm III. im Kreise seiner Kinder, und sein ältester Sohn bestieg als Friedrich Wilhelm IV. den Thron. An ihn knüpften sich die Erwartungen aller derer, die immer noch auf eine Verfassung aus dem Geiste der Reformen und überhaupt auf Neuerungen hofften. Der junge König galt als geistreich und vielseitig, man versprach sich zumindest Abwechslung von ihm.

Für Prinz August brachte der Thronwechsel zunächst ein Vorhaben zum Abschluß, das er schon längere Zeit verfolgte. Als gewissenhafter Verwalter seines Vermögens beschäftigte ihn die Frage, wie sein Allodialbesitz nach seinem Tode einmal unter seine Kinder verteilt werden könnte, ohne ihnen zugleich untragbare Lasten aufzubürden. Beratungen mit der Domänenkammer beruhigten ihn insofern, als die Erträge seiner Güter das Einkommen seiner Erben nur vermehren würden. Anders verhielt es sich mit dem Palais und vor allem mit Bellevue. Keines seiner Kinder würde imstande sein, Schloß und Park zu erhalten, weshalb August nach einem geeigneten Käufer Ausschau hielt, etwa einem Unternehmer, der dort eine Fabrik errichten würde. Aber die Domänenkammer wies August darauf hin, daß der Verkauf an einen Privatmann bedeuten würde, daß aufgrund früherer Abmachungen ein großes Stück Tiergartenland, das Prinz Ferdinand einst erworben hatte, vom Verkauf ausgeschlossen sein und damit der Wert des Grundstückes sinken würde.

Die Kammer schlug stattdessen vor, Bellevue dem König anzubieten.

Die Söhne des Königs hatten sich inzwischen eigene Sommersitze geschaffen und Friedrich Wilhelm III. die Pfaueninsel allen anderen Orten vorgezogen. Durch die Notzeiten in seinem angeborenen Hang zur Sparsamkeit und Einfachheit bestärkt, war er zudem seinem Onkel viel zu wenig wohlgesonnen, um ihm eine so teure Gefälligkeit zu erweisen. Vorerst ging August daran, die auf Bellevue stehenden Abgaben und Verpflichtungen abzulösen.

Von König Friedrich Wilhelm IV. konnte August zwar nicht mehr Zuneigung zu seiner Person, aber mehr Interesse an dem so schön gelegenen und gepflegten Schloß erwarten. So entstand ein zähes Feilschen um den Preis, das sich bis zur Unterzeichnung des Kaufvertrages am 18. Juni 1842 hinziehen sollte. Jedenfalls behielt August den Nießbrauch bis zu seinem Tode, danach würde Bellevue dem Kronfideikommiß angehören und Augusts Erben 156 000 Taler dafür erhalten.

Sonst brachte der Thronwechsel für August keine einschneidenden Änderungen mit sich. Die Besichtigungsreisen nahmen ihren Lauf. Das Dasein hatte ein wenig an Frische verloren. Varnhagen, der den Prinzen im Theater gesehen hatte, fand, er sähe „rüstig aus, aber stumpf und zerstreut". Mehr als früher gebrauchte er sein Lorgnon beim Lesen, und der zum eleganten Anzug gehörende Palisanderstock mit einem Lapislazuliknauf diente hin und wieder sogar dazu, sich darauf zu stützen.

Emilie befand sich im Sommer 1840 in Bad Ischl. Zwar hatte sich der Zustand ihrer Lunge gebessert, doch andere Beschwerden bewogen Dr. Barez, beinahe jährliche Kuren zu verordnen. Daß diese Leiden vielleicht auch in ihrem unnatürlich abgeschlossenen Berliner Dasein ihren Grund hatten, war ihr nicht bewußt.

Einer ihrer wenigen vertrauten Freunde, der verläßliche Hofrat Uhde, starb im November 1841. Die Domänenkammer, die seine vielseitigen Obliegenheiten offenbar einer Durchsicht unterzog, gab dem Prinzen im Dezember zu bedenken, daß die unmündige Emilie – in Preußen wurden Frauen erst mit 24 Jahren volljährig – doch gar nicht befugt sei, Quittungen über empfangenes Geld auszustellen, und schlug vor, ihren Vater zu bewegen, sie vorzeitig aus seiner Vormundschaft zu entlassen. Doch da Emilie im Mai 1842 vierundzwanzig werden würde, schien es Prinz August unnötig, wegen so weniger Monate in Verhandlungen mit dem Major von Ostrowski zu treten, der sich von allem, was seiner Tochter Versorgung betraf, möglichst fernhielt.

Am 1. Oktober 1842 bezog Emilie eine größere Wohnung in der Jägerstraße 23, die jährlich hundert Taler mehr Miete kostete, dafür aber ihr und ihrem Kind mehr Platz bot. Der Prinz besuchte sie regelmäßig. Daß auch andere Frauen in seinem Leben eine Rolle spielten, durfte sie nicht kümmern, solange er liebevoll um sie besorgt blieb.

Am wohlsten fühlte sich Prinz August in diesen Jahren im Kreise junger Leute, übermütiger Offiziere, die ihn an seine eigene Jugend erinnerten, oder bei seinen Kindern. Der Kreis hatte sich erweitert, Malwine hatte 1838 einen jungen Artillerieoffizier, Cäsar von Dachröden, geheiratet, mit dem sie eine Tochter hatte, nach Eduards Sohn Augusts zweites Enkelkind. Nur sein Liebling, August von Prillwitz, machte ihm Sorgen. Sein fiebriges Aussehen erinnerte den Vater an die Krankheit seines früh gestorbenen Bruders Heinrich. Doch hoffte der Prinz, daß die nötige Sorgfalt und Schonung seinen Sohn mit zunehmendem Alter kräftigen werde.

14 Tod und Begräbnis –
Der Nachlaß (1843)

Die Berliner, für die Prinz August inzwischen eine Art Original geworden war, sahen ihm manche seiner Eigenheiten nach, zumal der Hof unter seinem romantischen König und seiner schüchternen und frommen Gemahlin so wenig Anlaß zu interessantem Klatsch bot.

Daher verfolgte man mit um so größerem Eifer, was die Prinzen trieben. Die neue junge Schauspielerin zum Beispiel, Auguste Bauerhorst, war, so erzählte man sich, ein Schützling Prinz Augusts und durch seine Gunst zur Bühne gekommen. Doch im Gegenteil, die junge Dame hatte sich zwar zunächst die Zuneigung des Prinzen gefallen lassen, dann aber plötzlich ihre Pläne geändert und war in seiner Abwesenheit zum Theater gegangen, wo August sie zu seiner nicht geringen Überraschung auftreten sah. Daraufhin setzte er ihr in mehreren Briefen auseinander, daß ihre Tugend als Mitglied einer Theatergruppe zuverlässig Schaden nehmen müßte, wohingegen die Beziehung zu ihm ihr Glück begründen würde. Augustes Zögern reizte ihn, wie ihn Hindernisse immer zu deren Überwindung angespornt hatten, und er bestürmte sie nun um so mehr, sich ganz nach seinen Wünschen zu richten. Eine Wohnung sei schon für sie gefunden und unter den Möbeln brauche sie nur zu wählen. Er war bereit, diesem jungen Geschöpf, das sein Leben noch vor sich hatte, alle Wünsche zu erfüllen, wenn es nur bei ihm blieb. Doch Auguste Bauerhorst war keine Emilie, sie wog Vorteil und Nachteil ihrer Beziehung zu Prinz August kühl und vorsichtig

Prinz August. Lithographie nach einer Zeichnung von Franz Krüger.

ab, und sie hatte Zeit genug dazu, denn ihr Liebhaber erkrankte Anfang des Jahres 1843 und konnte sie weder besuchen noch bei sich empfangen. Als sie sich wiedersahen, schien Auguste sich für den Prinzen entschieden zu haben.

Mehrere Wochen hindurch war Prinz August – wie auch im Jahr davor – mehr oder weniger krank gewesen, ein Zustand, der ihm herzlich zuwider war. Ein Soldat litt entweder an einer Verwundung, allenfalls an einer ansteckenden, kurz aufflammenden Krankheit, aber er kränkelte nicht. Anfälle von Atemnot, Beschwerden beim Treppensteigen oder Reiten und schlechter Schlaf waren etwas für Stubenhocker. Die Ärzte erklärten, das Übel säße in der Brust und könne einmal einen schnellen Tod herbeiführen. Damit war der Prinz ganz einverstanden. Am Herzschlag zu sterben, schien ihm eine bessere Art als nach schleichendem Siechtum. Sein Testament lag seit langem wohlverwahrt bereit, ordentlich gedachte August auch nach seinem Tode zu sein. Im April erholte er sich wieder etwas und fühlte sich aufgelegt, an Juliette zu schreiben, die ja nun auch nicht mehr die Jüngste war, aber immer noch eine Pariser Sehenswürdigkeit. Im Februar hatte er ihr eine Empfehlung für Professor Wichmann, Friederikes überlebenden Bruder, zukommen lassen, den er ihr als „ausgezeichneten Bildhauer empfahl", und ihr mehrere seiner Werke genannt. Jetzt war es ein anderer Parisreisender, den er ihr vorzustellen wünschte, nämlich Leopold v. Ranke, der in Paris Bibliotheken und Archive benutzen wollte. August schrieb: „Das ist einer der ausgezeichnetsten Historiker in Deutschland, sehr bekannt für seine Geschichte der Päpste vom 16.–17. Jahrhundert und seine Geschichte der Reformation, Werke, die auf gründlichen Forschungen beruhen und mit Unparteilichkeit und Geist geschrieben sind." Dem Brief legte er ein Päckchen bei mit einem Armband, das er sie zur Erinnerung an ihn zu tragen bat, denn – fügte er hinzu – trotz seiner vielen Pflichten bliebe doch immer noch Zeit, an sie zu denken. Und im Falle seines Todes würden ihre Porträts an sie zurückgeschickt werden.

Das weitere Jahresprogramm sah Besichtigungen der Güter

und der Festung Magdeburg im Juni vor, anschließend die jährliche Inspektion der Artilleriebrigaden in Ostpreußen, mit einer Elchjagd als Abschluß, und im Herbst einen Kuraufenthalt in Marienbad, in Gesellschaft Emilies oder Auguste Bauerhorsts.

Bis zur Ankunft in Königsberg lief alles mit gewohnter Präzision ab. Dort erlitt der Prinz einen so schweren Anfall von Atemnot, daß er erwog, sofort nach Berlin zurückzukehren, dann aber beschloß, wenigstens bis Bromberg weiterzureisen. Der Anfall wiederholte sich im Nachtquartier in Marienburg, und im Moritzschen Gasthaus in Bromberg, wo ihm wie gewöhnlich die Vertreter der Stadt ihre Aufwartung machten, erlitt er einen Schwächeanfall, worauf sich die Besucher bestürzt empfahlen. Dem begleitenden Arzt wurde das Befinden seines Patienten bedenklich, er schickte eine Botschaft an Dr. Barez und zog einen Arzt aus der Stadt hinzu. Prinz August ließ sich von diesem Dr. Allerdt zur Ader lassen und fragte ihn, ob er seinen Zustand für bedenklich halte. Der Arzt antwortete ausweichend, und der Prinz verbrachte eine unruhige Nacht.

Am nächsten Morgen fühlte er sich sehr viel besser, diktierte einen Brief an Auguste, worin er ihr seine baldige Rückkehr nach Berlin ankündigte, und schrieb dann selbst einige Zeilen an seine Tochter Eveline. Als Dr. Allerdt am Abend wieder bei ihm erschien, lud ihn der Prinz für den folgenden Tag zu einem kleinen Diner bei sich ein und teilte ihm seine Absicht mit, am Tag darauf abzureisen. In der Nacht nahmen die Beklemmungen wieder zu, die beiden Ärzte blieben in der Nähe und horchten auf die mühsamen Atemzüge des Prinzen, der im Halbschlaf gegen unbekannte Mächte zu kämpfen schien.

Als es schon taghell war, erwachte August plötzlich zu vollem Bewußtsein. Ihm sei besser, erklärte er, einen Löffel ihm eilig gereichter Medizin schluckend, ob der Doktor ihn wohl für gefährlich krank halte? Gleich darauf machte ein letzter Brustkrampf seinem Leben ein Ende. Es war ein Viertel nach 8 Uhr und der 19. Juli, der Todestag der Königin Luise.

Wie in einer kleinen Stadt nicht anders zu erwarten, wußten bald alle Bewohner von dem Todesfall, und viele von ihnen fanden sich beim Regierungsgebäude ein, als die Leiche um Mitternacht dorthin gebracht und im großen Sitzungssaal aufgebahrt wurde. Am nächsten Nachmittag traf Dr. Barez ein und sezierte den Körper des Prinzen, um die Todesursache festzustellen. Alle Organe waren gesund, seine Gestalt immer noch ungewöhnlich kräftig und muskulös, der dunklen Farbe des Haares offenbar etwas nachgeholfen. Nur in der Lunge und in den Atemwegen befanden sich Schleimansammlungen, die schließlich zum Aussetzen der Atmung geführt hatten. Am 23. Juli folgte die Paradeausstellung des Toten in Feldmarschallsuniform, geschmückt mit all seinen Orden und umgeben von den Bildern der vier preußischen Könige, die zu seinen Lebzeiten regiert hatten. Nach einem abendlichen Trauergottesdienst wurde der Sarg geschlossen, um am nächsten Tag auf einem in Bromberg eigens angefertigten Leichenwagen nach Berlin gebracht zu werden. Glockengeläut, Trommelklang, Veteranen, Angehörige der Behörden und Geistliche begleiteten den Toten, der als Lebender immer so schnell gereist war, langsam zur Stadt hinaus. Zwei Tage und zwei Nächte dauerte die Fahrt nach Berlin, und dazu strömte der Regen unablässig herab, ließ die Fackeln qualmen, warf die Fahnen der in den Ortschaften versammelten Abordnungen klatschend hin und her und durchtränkte die Uniformen der zum letzten Gruß aufmarschierten Garnisonen. Am Stralauer Tor erwartete der Kommandant von Berlin den Leichenzug, und am 29. Juli, einem warmen Hochsommertag, fand dann die feierliche Beisetzung im Dom statt. Noch einmal bewegte sich der eindrucksvolle Zug durch die Straßen, acht schwarz verhüllte Pferde zogen den Leichenwagen, dem als erster Leidtragender Augusts Neffe Fürst Wilhelm Radziwill folgte, vor den Prinzen der königlichen Familie. Augusts Söhne fehlten – Eduard z. B. befand sich „auf Reisen" – hier galt nur legitime Verwandtschaft.

Im Dom erwartete der König den Trauerzug, er küßte den Prinzen Radziwill zum Zeichen der Teilnahme. Die Trauerrede hielt Hofprediger Dr. Ehrenberg und, wie zu erwarten, sagte er

viel Lobendes über den Toten, über seine glänzenden Waffenta-
ten, seine Pflichttreue, sein unverstelltes Wesen und seine Fürsorge für die Seinen, um dann kritischer fortzufahren: „Was an
ihm zu tadeln war, ist dem Tadel nicht entgangen. Der Tadel hat
darüber nicht selten ein schärferes Gericht gehalten, als der
Mensch, der immer nur das sieht, was vor Augen ist, sich jemals
erlauben sollte." Unter dem Donner der Kanonen und den Eh-
rensalven der Infanterie folgte die Einsegnung der Leiche, dann
wurde der Sarg in die Gruft gesenkt und neben den Särgen von
Augusts Eltern und Brüdern aufgestellt.

Für den Geistlichen hatte die Feier ein Nachspiel. Eben weil
die königliche Familie seinen Worten im Grunde beistimmte und
wohl niemand im Unklaren war, worauf sie sich bezogen, zeigte
sich der König höchst ungehalten und ließ Dr. Ehrenberg einen
scharfen Verweis erteilen wegen seiner Kühnheit, in dieser Weise
öffentlich über ein Mitglied des Königlichen Hauses zu sprechen
und damit seine Befugnisse weit zu überschreiten. Auch verbot
er den Druck der Leichenpredigt. Ehrenberg rechtfertigte sich
vor dem ihn zur Rede stellenden Geheimrat damit, daß er in
bester Absicht und im Bewußtsein persönlicher Anhänglichkeit
an den Toten „in geistlicher Weise" entsprechenden Äußerungen
habe steuern wollen im Sinne des „Richtet nicht, auf daß ihr
nicht gerichtet werdet".

Die Berliner ihrerseits faßten das allgemeine Urteil über
August auf ihre Art zusammen, indem sie meinten, Petrus müsse
wohl erst die 11 000 Jungfrauen in Sicherheit bringen, bevor er
dem Prinzen das Himmelstor öffnen könne.

Die Zeitungen brachten ausführliche Berichte über seine
Krankheit und seinen Tod. In der „Spenerschen Zeitung" vom
22. Juli erschien ein allgemeiner Lebensabriß, in dem man u. a.
lesen konnte: „Dieser herbe Verlust wird umso schmerzlicher
empfunden, als der hohe Dahingeschiedene, noch in rüstiger
Kraft des Geistes, wie des Körpers, eine segensreiche lebendige
Tätigkeit hoffen ließ und von den niederbeugenden Folgen des
Alters noch weit entfernt zu sein schien." Am 24. Juli folgte noch

ein militärischer Nachruf, eine einzige Ruhmeshymne, die den Redakteur zu der Äußerung emportrug, Prinz August habe in der Schlacht „Hannibals glühenden Mut und Scipios todesverachtende Ruhe" bewiesen. Über Augusts private Lebensumstände schwieg man sich aus, ebenso über die anstößige Leichenpredigt.

Die „Augsburger Allgemeine", die der preußischen Zensur ja nicht unterlag, stellte nüchtern fest, der Prinz sei der reichste Mann in Preußen gewesen, deutete kurz die Erbschaftsverhältnisse an, erörterte die Frage seines mutmaßlichen Nachfolgers als Chef der Artillerie und trug so der öffentlichen Neugier in ergiebigerer Weise Rechnung. Das hinterlassene Vermögen im Wert von 8–10 Millionen Talern verschlug manchem Leser die Sprache. Der größere Teil dieser schwindelerregenden Summe gehörte zwar zum königlichen Fideikommiß und fiel ohne weiteres an die Krone zurück, doch blieb sein Privatvermögen von über 2½ Millionen Talern davon unbetroffen, und sein Testament in einer erneuerten Fassung vom April 1843 wurde am 22. Juli in Bellevue im Beisein sämtlicher Kinder oder, soweit es die unmündigen Geschwister Prillwitz betraf, von deren Vormündern eröffnet.

Wie nicht anders zu erwarten, hatte der Prinz die genauesten Verfügungen getroffen. Mit Genehmigung des Königs übernahm Justizminister von Mühler den Vorsitz in der Kommission, die zur Verwaltung des Allodialnachlasses eingesetzt wurde. Sie veranlaßte zunächst die Abrechnung sämtlicher Kassen und die Aufstellung eines Generalinventars des Nachlasses, in dem jeder Groschen, jedes Grundstück, jede Gardine und jeder Wassereimer erfaßt und taxiert wurden. Der damit beschäftigte Kammergerichtsreferendar erhielt dafür ein Honorar von 60 Talern. Aufgrund von Augusts pedantischer Ordnung war die Trennung des privaten vom fideikommissarischen Besitz nicht schwierig, wenn auch langwierig.

Universalerben alles dessen, worüber der Prinz nicht besonders verfügt hatte, waren nach Augusts Willen zu gleichen

Teilen seine neun geadelten Kinder, die sich wiederum gegenseitig beerben sollten. Ihnen wurden aber bestimmte Beschränkungen auferlegt, die einer Verschwendung des Besitzes vorbeugen sollten, so durften die Erben jeweils die Hälfte ihres Anteils weder verkaufen noch verschulden.

Im einzelnen sah das Testament vor, daß die städtischen Grundstücke verkauft werden durften, mitsamt ihrem Inventar, wobei die Erben ein Vorkaufsrecht behielten. Bellevue war dank der Voraussicht des Testators nicht mehr betroffen. Im 1827 gekauften Haus Behrenstr. 8 blieb wie bisher die Verwaltung der Güter bestehen, nur daß sie nicht mehr Domänenkammer des Prinzen August, sondern „Königliche Hofkammer" hieß. Das Palais Wilhelmstr. 65 ging in die Hände des Staates über, dort zog das Justizministerium ein. Die beiden übrigen Häuser waren und blieben Wohnsitze der Geschwister Waldenburg und Prillwitz.

Was seine neun Güter betraf, so hatte der Prinz bestimmt, daß sie mit Ausnahme des Gutes Prillwitz, das schon zu seinen Lebzeiten seinem Liebling August zugeteilt war, unter seinen Kindern verlost werden sollten und daß das Ergebnis dieser Verlosung weder angefochten noch verworfen werden durfte. Hierbei zeigte sich, daß zumindest Eduard, Eveline und Mathilde den Geschäftssinn ihres Vaters geerbt hatten. Sie gaben der Nachlaßkommission zu bedenken, daß die Güter sehr ungleich im Wert seien und daher Benachteiligungen nicht ausbleiben könnten, und schlugen vor, von der vorhandenen, ihnen ja ebenfalls zufallenden Depositalmasse soviel aufzuteilen, daß alle Erben den gleichen Gesamtwert erhalten würden. Die Regierungskommission erstellte einen Verteilungsplan, dem am 24. Juli 1844 im Hause Eduards die Verlosung folgte.

Das größte Gut nach Prillwitz, das auf 162 000 Taler geschätzte Amt Hedersleben, ging an Emilie von Waldenburg, das kleinste, Wilkau, 42 300 Taler wert, an Eduard. Alle erhielten jedoch je etwas über 210 000 Taler, die ihnen jährliche Einkommen von knapp 7000 Talern sicherten. Die hierfür zu zahlende

Erbschaftssteuer, die der König nach einigem Hin und Her auf insgesamt 50 000 Taler festsetzte, zahlten sie im Januar 1845 nur zum kleineren Teil in barem Geld, den Rest in Staatsschuldscheinen.

Die verbleibende Nachlaßmasse gelangte teils in den folgenden Jahren zur Verteilung – insgesamt wurden sechs Teilungspläne erstellt, von denen der letzte nicht mehr zur Ausführung kam –, teils mußte sie zur Sicherstellung von Renten stehenbleiben, so daß der Justizminister noch bis 1851 mit der Nachlaßbetreuung befaßt war.

Abgesehen davon, daß die Universalerben die Pensionen für ihre Angestellten gemeinsam zu übernehmen hatten – Waldenburgs versuchten vergeblich, die Pensionen ausschließlich Prillwitzscher Bediensteter von sich abzuwälzen –, hatte August eine Reihe von Legaten in Gestalt bereits bestehender Renten für Personen ausgesetzt, die ihm auf die eine oder andere Weise verbunden waren. Zur Zahlung von jährlich 12 000 Talern Rente an die Kinder seiner Schwester war er bereits durch die Abmachungen von 1819 verpflichtet worden. Friederike v. Waldenburg hätte jährlich weiterhin 8000 Taler erhalten, wenn sie nicht am 1. Januar 1844 gestorben wäre. Ferner erhielt Frau Schlesinger geb. Arend, die Mutter des am 19. 9. 1830 geborenen August Eduard Rudolf Arend, der zudem als Erbe für den unwahrscheinlichen Fall genannt war, daß Waldenburgs und Prillwitzens ohne Nachkommen stürben, jährlich 600 Taler. Emilie von Ostrowska erhielt weiter ihre 1500 Taler und ein Fräulein Wilhelmine Krumrey 600 Taler. Für diese Renten mußten Erbschaftssteuern gezahlt werden, bei geringeren Summen wurden sie vom König erlassen, so z. B. Louis Ferdinands Sohn Louis von Wildenbruch, der 120 Taler Zulage bekam, und auch der Gesellschafterin der Waldenburgs, Generalin von Cosel. Die geschickte und zielstrebige Auguste Bauerhorst erreichte es aufgrund von Zeugenaussagen, die Augusts Absichten in dieser Hinsicht bestätigten, daß ihr noch nachträglich eine jährliche Rente von 800 Talern bewilligt wurde.

Für alle diese Summen wurden die voraussichtlichen Lebensalter der Empfänger berechnet und das entsprechend benötigte Kapital schließlich auf etwas über 416 000 Taler festgesetzt. Auch andere Legate hatte Prinz August in großer Zahl ausgesetzt. Juliette erhielt, wie ihr schon angekündigt, ihr Porträt von Gérard zurück, nebst einer danach gemalten Miniatur, eine Kopie von Augusts eigenem Porträt und drei Bronzen aus dem roten Zimmer. Seine Bücher und Pferde gingen an Augusts Adjutanten, an Radowitz außerdem das große Fernrohr, das der Prinz während seiner Feldzüge benutzt hatte. Emilie v. Ostrowska erhielt das bei ihr befindliche Silber, ein Tablett und vier Leuchter sowie ihr von Paul Mila gemaltes Porträt. Die Kammerdiener erhielten Augusts zivile Garderobe, wozu laut Inventar immerhin 17 Röcke, 52 Westen, 27 weiße Lederhosen und 48 Paar Handschuhe sowie 33 leinene Hemden gehörten, zur Verteilung untereinander. Die Uniformen, 20 an der Zahl, übernahm die Militärverwaltung.

An viele, fast an alle, hatte August gedacht. Selbst die arme Agnes Gottschalk in Hamburg erhielt weiterhin ihre monatlichen 15 Taler.

Augusts Staatswagen, wertvolle silberne Prachtgeräte, ein riesiger Tafelaufsatz etwa, silberne Teller und ebensolches Geschirr wurden dem König zum Kauf angeboten, keiner der Erben hatte dafür Verwendung. Auch das Feldherrenservice war zu aufwendig für ihre Haushalte.

Die Rheinsberger Einrichtung von 547 Inventarnummern wurde versteigert, als wertvollstes Einzelstück eine Feuerspritze mit vollständigem Zubehör. Sämtliche Gardinen des Schlosses übernahm die königliche Kasse, und von den 23 Schwänen übersiedelten 15 nach Prillwitz.

Aus dem Palais, dessen Einrichtung auf etwa 55 000 Taler veranschlagt war, nahmen Eveline und Emilie Frühstückstasse und -teller des Vaters, Louis das Porträt von Louis Ferdinand und das so lange unbenutzte Cello, Mathilde sicherte sich die Büste ihres Vaters und August dessen Bett.

Einige Gegenstände fanden sich, die der Taxation entgingen, Haarlocken von Augusts Geschwistern, ein Zweig von Napoleons Grab auf St. Helena, die Lorbeerblätter von der Denkmalsfeier von 1840.

Die Papiere des Prinzen übernahm das Geheime Staats- und Cabinettsarchiv.

1846 drückte Friedrich Wilhelm IV. der Kommission gegenüber sein königliches Wohlgefallen aus, daß „das umfangreiche Geschäft ohne Zurücklassung eines der richterlichen Entscheidung bedürfenden Streitpunktes zum Abschluß gebracht" wurde.

Der durch drei Instanzen geführte Prozeß gegen die Waldenburgschen und Prillwitzschen Geschwister, durch den sich Augusts Neffen Radziwill wenigstens in den Besitz eines Teils seines Nachlasses zu bringen suchten, schwebte noch.

Alexander von Humboldt war es vorbehalten, Juliette Nachricht von Prinz Augusts Tod zu geben, indem er ihm zugleich einen sehr persönlichen Nachruf widmete. Er schilderte ihr das Ende ihres einstigen und lebenslangen Liebhabers und fuhr fort: „Der Verlust Prinz Augusts, des letzten Neffen Friedrichs des Großen, hat allgemein Trauer hervorgerufen. Er war von hohem und edlem Charakter; treu in seinen Freundschaften, empfänglich für das Wohlwollen, das ihm Personen von Talent und Feingefühl entgegenbrachten, empfing er in seinem Hause alle Gesellschaftsklassen, vor allem Künstler und Gelehrte. Wie alle Menschen, die sehr hoch stehen, ist er oft verkannt worden. Im Besitz eines großen Vermögens, das er mit einem Ordnungssinn verwaltete, den man gelegentlich als pedantisch bezeichnete, zeigte er sich bei großen Anlässen edelmütig und freigiebig. Seine Kinder beteten ihn an, und er erfüllte aufs gewissenhafteste die Pflichten eines Familienvaters, wodurch er sich im privaten Bereich von Bindungen fesseln ließ, denen er eigentlich entkommen wollte. Ihr Name, Madame, der Name Ihrer Freundin, Madame de Staël, der Ruhm Herrn von

Chateaubriands waren ihm stets gegenwärtig. Ein Wort in Ihrem letzten Brief beunruhigte ihn, da dieses Wort ihm anzudeuten schien, daß Ihre Gesundheit sich verschlechtert habe. Er schrieb mir am selben Tag, um zu erfahren, ob ich durch meine Pariser Freunde bessere Nachrichten hätte. Der Dahingegangene hat Ihnen eine Verehrung entgegengebracht, die mich glauben läßt, daß er doch etwas Höheres in sich trug als ihm die größere Zahl seiner Mitmenschen zubilligte. Sein Bruder, der in der Blüte seines Lebens starb, war sehr viel strahlender, er zeigte mehr Leichtigkeit in der Unterhaltung, Prinz August übertrifft ihn an Festigkeit des Charakters, an Freundestreue und Aufrichtigkeit der Empfindung." Juliette antwortete bewegt und wehmütig auf die Mitteilung Humboldts. Prinz August war der letzte noch lebende Freund aus ihrer Jugendzeit gewesen, nun blieb ihr nur noch die Erinnerung. Am 11. Mai 1849 starb sie in Paris, bis zuletzt im vollen Besitz ihres vielbewunderten Geistes.

15 Kinder und Kindeskinder

August hatte alles getan, um seinen Kindern ein angenehmes Dasein zu sichern. Nun, da der alles bedenkende und ordnende Vater fehlte, mußten sie ihr Leben selbst gestalten. Eduard von Waldenburg, Kgl. preußischer Kammerherr, Rittmeister a. D. und Gutsherr, lebte bis 1882 und hatte zwei Söhne und zwei Töchter, die das Fortbestehen der Familie sicherten.

Dagegen blieben seine drei Schwestern unverheiratet, und es gingen teilweise seltsame Gerüchte über sie um. Eveline widmete sich dem Sammeln von Bildern, die sie nach ihrem frühen Tod im Jahre 1848 ihrer Schwester Mathilde vermachte. Man behauptete, Eveline habe sich erhängt, weil sie den Mann ihrer Wahl, einen einfachen Landprediger, nicht heiraten durfte. Die gleiche Todesart schrieb man – ebenfalls zu Unrecht – ihrer jüngsten Schwester Mathilde zu, sie habe dazu das Altarkreuz in der Friedenskirche zu Potsdam erwählt. Diesen Unsinn widerlegte ihre spätere Übersiedlung nach München, wo sie ihre Gemäldesammlung noch beträchtlich vermehrte. Der boshafte Varnhagen behauptete, sie „zöge fortwährend mit Kunstreitern umher". Immerhin war sie es, die beharrlich das Andenken an ihren Vater pflegte. 1869 ließ sie im Garten von Bellevue mit Einwilligung des Königs ein Denkmal für Prinz August errichteten, auf ihrem Gut wurde ein „Augustturm" erbaut, und zum 50. Jahrestag der Schlacht bei Leipzig fügte sie den zahlreichen Denkmälern und Standbildern im Rosengarten von Bellevue noch eine Porträtbüste Augusts hinzu.

Mathilde starb 1884, noch vor der älteren Emilie, die sich zeitweise in Paris aufhielt und trotz ihres ansehnlichen Vermögens nicht immer mit ihrem Geld auskam und mehrfach an die Testamentsbestimmungen ihres Vaters erinnert werden mußte. Sie starb 1893 in Potsdam.

Alle drei Schwestern hielten freundliche Beziehungen zu Madame Récamier aufrecht, die die Töchter ihres Freundes gerne bei sich sah.

Was die überlebenden Prillwitzgeschwister anlangt, so starb Malwine 1888 in Rom als Frau eines Herrn de la Ville, den sie nach dem Tod ihres ersten Mannes 1882 geheiratet hatte. Aus ihrer ersten Ehe hatte sie vier Kinder. Elise heiratete 1846 den Juristen und Diplomaten Grafen Harry von Arnim, der später, als sie schon lange tot war – sie starb schon 1854 – besonders durch seine Gegnerschaft zu Bismarck, die ihm sogar Haftstrafen eintrug, bekannt wurde. Ihre jüngere Schwester Klara wurde 1849 die Frau eines anderen Arnim, Gustav, Herr auf Criewen und Densen und zeitweise Vorsitzender des Familienverbandes, mit dem sie elf Kinder hatte. Sie starb ebenfalls ziemlich früh mit 52 Jahren in Wiesbaden. Der von seinem Vater besonders geliebte Sohn August überlebte ihn nur um wenige Jahre, im Februar 1849 erlag er mit fast 21 Jahren der Lungenschwindsucht. Nach dem Tode des jungen Mannes wurde der Prillwitzsche Haushalt in der Leipziger Straße aufgelöst. Nur Louis war widerstandsfähig genug, um bis 1894 zu leben. Mit seiner Frau, einer Gräfin Moltke, hatte er sechs Kinder, von denen zwei Söhne jedenfalls das heiratsfähige Alter erreichten.

Und die anderen? Rudolf Arend war als Kind von Eveline und Mathilde verhätschelt worden. Nach Augusts Tod verwendete er sein Legat von 10 000 Talern auf eine Ausbildung zum Landwirt. Er versuchte die Verbindung zu den Waldenburgs zu halten, indem er seine Halb- oder Viertelgeschwister in Abständen besuchte. Als er dann nach einigen Jahren anfing, Eduard um Unterstützung anzugehen, zog sich der Kammerherr zurück und verwies den unbequemen Bittsteller auf das Geld, das seine

Großmutter angeblich von den Prillwitzgeschwistern in einem Prozeß erstritten hatte. Offenbar bestand mehr als nur eine Namensgleichheit zwischen seiner Mutter und Auguste von Prillwitz.

Auguste Bauerhorst machte Karriere als Schauspielerin in St. Petersburg, sie erfreute sich des väterlichen Wohlwollens des Fürsten Wittgenstein, der ihr auch zu ihrer Rente verholfen hatte.

Emilie von Ostrowska verlor kurz vor Augusts Tod am 5. Juni 1843 auch noch ihren Vater im Alter von 79 Jahren. Sie war nun Witwe, ohne je verheiratet gewesen zu sein, weswegen sie im September ein Gesuch an den König richtete, sich künftig „Frau" von Ostrowksa nennen zu dürfen. Demütig sprach sie von „ihrer jugendlichen Schuld" und davon, daß „sie ihren einzigen Trost darin zu finden vermöge, das Andenken jenes Mannes zu ehren, dem sie alles geopfert, weil sie ihn mit jugendlicher Schwärmerei geliebt" habe. Der König schrieb das Gesuch dem Fürsten Wittgenstein „zur Privaterbauung" zu, der Emilie wissen ließ, daß ihr Gesuch „ohne allergnädigste Berücksichtigung" bleiben werde. Doch nahm Emilies Leben wenigstens äußerlich zunächst eine Wende zum Besseren. Im Juli heiratete sie den Rittmeister von Huët, mit dem sie nach Westpreußen übersiedelte. Varnhagen, der sie 1845 auf der Promenade von Bad Kissingen sah, war diese Eheschließung offenbar entgangen, denn er schilderte sie als ein „großes verblühtes, gedrückt aussehendes Fräulein", das immerhin noch einstige Schönheit verrate.

Nach zehnjähriger Ehe kehrte Emilie allein nach Berlin in die väterliche Wohnung in der Kanonierstraße 25 zurück, wo sie als „separierte" Frau am 13. Januar 1866 an einem Lungenschlag starb. Drei Tage später begrub man sie auf dem Dreifaltigkeitsfriedhof.

Warum Emilies Tochter Charlotte schon als Kind so sehr benachteiligt wurde, wie die Überlieferung berichtet, warum ihr

Vater ihr in seinem umsichtigen Testament weder eine Rente noch ein Legat aussetzte, warum ihre Mutter sie nicht bei sich behalten hat, warum sie ausgerechnet bei der Familie leben mußte, die August von einer sehr wenig vorteilhaften Seite kennengelernt hatte, konnte nicht einmal sie selbst beantworten.

Charlotte Gottschalk – nach allem, was sie wußte – kehrte mit ihrer Pflege-Familie nach Berlin zurück und heiratete dort einen jüdischen Nachbarssohn, Sigmund Baumann. Drei Kinder, Max, Anna, und Richard wurden geboren, denen sie die Geschichte ihrer Abstammung soweit erzählte, wie sie ihr bekannt war. Ihr Mann starb 1887, sie selbst – eine hoheitsvolle Dame von 68 Jahren – 1906 und wurde auf dem jüdischen Friedhof in Berlin-Weißensee begraben. Ihre Söhne starben in den zwanziger Jahren des 20. Jahrhunderts, bevor es eine Lebensfrage wurde, ob man Jude war oder nicht.

Die Tochter Anna, die seit 1932 als Witwe in der Tschechoslowakei bei ihrem Sohn lebte, wurde dort 1938 von der Welle des deutschen Einmarsches überrollt. Zu alt und kränklich und durch Arthritis gelähmt, war sie nicht in der Lage, mit ihrem Sohn und seiner Familie nach England zu fliehen. Sie hauste in einem Dachzimmer in Prag, verlassen und in völliger Armut bis 1940, wo sie auch ihr letztes Geld verbraucht hatte. Zwei herzzerreißende Lebenszeichen erreichten ihre nun beide in England lebenden Söhne noch, dann wurde sie eines Tages abgeholt und in das Konzentrationslager Theresienstadt gebracht, wo sie elend umkam, da sie in Unkenntnis ihrer wahren Abstammung und ohne Beweise dafür noch als hilflose alte Frau dafür büßen mußte, daß Prinz August eines seiner Kinder aus den Augen verloren hatte.

Doch ließ ihr Schicksal ihrer Enkelin keine Ruhe. Seit ihr Vater ihr an ihrem 17. Geburtstag zuerst davon erzählt hatte, fühlte sie sich ihr verbunden. Und als das kleine Taschenbuch nach dem Tode ihres Vaters als sorgsam gehütetes Erbteil in ihren Besitz gelangte, begann sie die Familienberichte zusammenzutragen und ihre Nachforschungen auch auf die Papiere auszudehnen, die als letztes Zeugnis vergangener Zeiten in den Archiven ruhten. Nach der Überwindung einiger behördlicher Hürden saß die hartnäckige Nachfragerin vor Stößen von Akten, die das Leben Prinz Augusts von vielen Seiten widerspiegelten und schließlich wenigstens in Umrissen auch Emilies Geschichte enthüllten. Ihr wahrer Name, ihre Familie, ihr Geburtsort, ihr Lebenskreis, vor allem in den Jahren mit ihrem Geliebten, ihr Schicksal nach seinem Tod und ihr eigenes Ende – für alles fanden sich Hinweise, die sogar ein wenig von ihrem Wesen und Charakter erkennen ließen, ebenso wie die Miniatur mit ihrem lieblichen Gesicht, die sich über die Generationen zusammen mit dem Taschenbuch erhalten hatte. Was die Akten nicht preisgaben, war der Grund für die rätselhafte Verbindung zwischen dem Kind Charlotte und der Familie Gottschalk.

Aber vielleicht lichtet sich auch dieses Dunkel einmal, wenn die Überlieferung nur treu genug bewahrt bleibt.

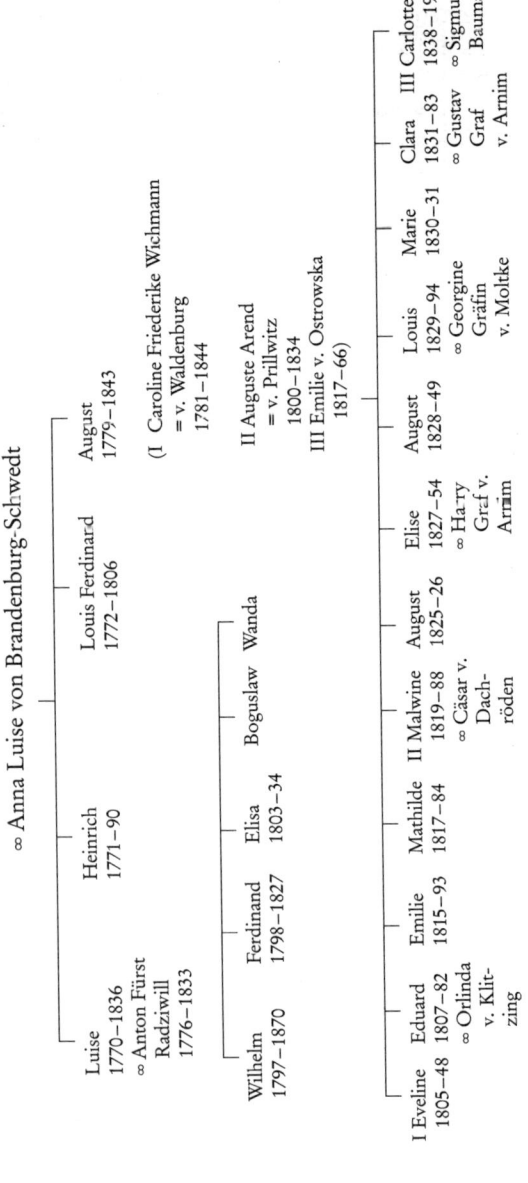

Ferdinand Prinz von Preußen
∞ Anna Luise von Brandenburg-Schwedt

Luise
1770–1836
∞ Anton Fürst
Radziwill
1776–1833

Heinrich
1771–90

Louis Ferdinand
1772–1806

August
1779–1843

(I Caroline Friederike Wichmann
= v. Waldenburg
1781–1844

II Auguste Arend
= v. Prillwitz
1800–1834

III Emilie v. Ostrowska
1817–66)

Wilhelm
1797–1870

Ferdinand
1798–1827

Elisa
1803–34

Boguslaw   Wanda

I Eveline
1805–48

Eduard
1807–82
∞ Orlinda
v. Klit-
zing

Emilie
1815–93

Mathilde
1817–84

II Malwine
1819–88
∞ Cäsar v.
Dach-
röden

August
1825–26

Elise
1827–54
∞ Harry
Graf v.
Arnim

August
1828–49

Louis
1829–94
∞ Georgine
Gräfin
v. Moltke

Marie
1830–31

Clara
1831–83
∞ Gustav
Graf
v. Arnim

III Carlotte
1838–1906
∞ Sigmund
Baumann

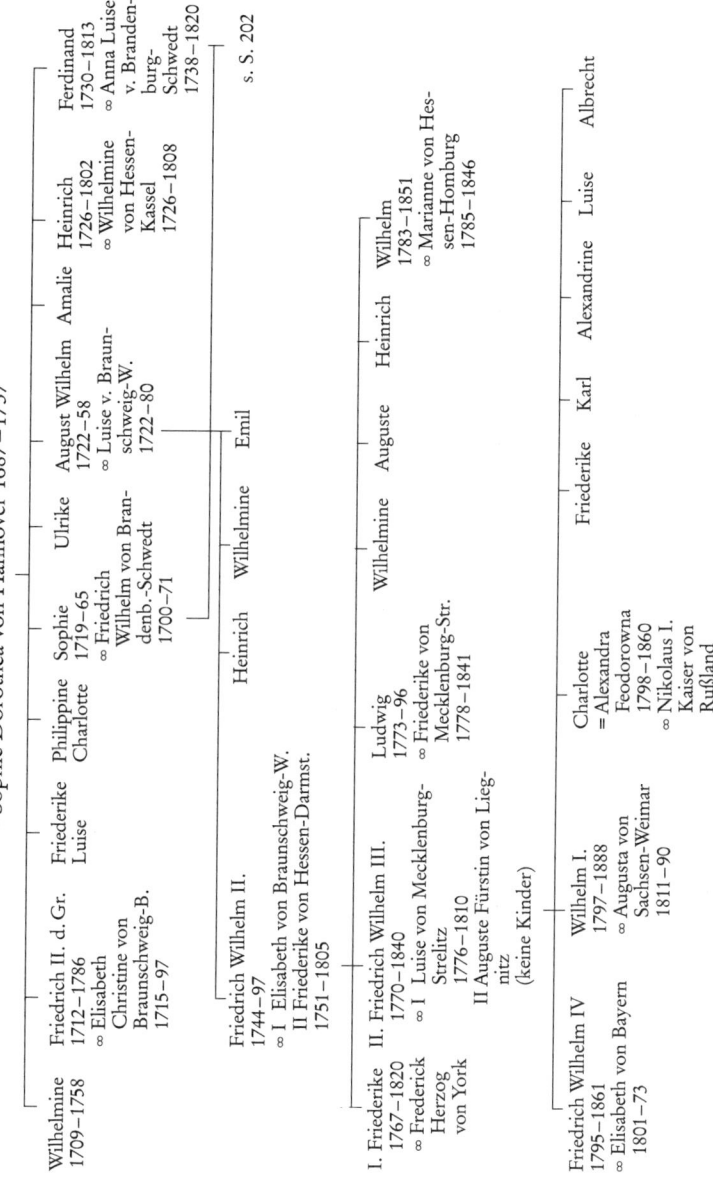

Friedrich Wilhelm I. König von Preußen 1688–1740
∞ Sophie Dorothea von Hannover 1687–1757

| Wilhelmine 1709–1758 | Friedrich II. d. Gr. 1712–1786 ∞ Elisabeth Christine von Braunschweig-B. 1715–97 | Friederike Luise | Philippine Charlotte | Sophie 1719–65 ∞ Friedrich Wilhelm von Brandenb.-Schwedt 1700–71 | Ulrike | August Wilhelm 1722–58 ∞ Luise v. Braunschweig-W. 1722–80 | Amalie | Heinrich 1726–1802 ∞ Wilhelmine von Hessen-Kassel 1726–1808 | Ferdinand 1730–1813 ∞ Anna Luise v. Brandenburg-Schwedt 1738–1820 |

s. S. 202

Friedrich Wilhelm II. 1744–97
∞ I Elisabeth von Braunschweig-W.
II Friederike von Hessen-Darmst.
1751–1805

Heinrich   Wilhelmine   Emil

| I. Friederike 1767–1820 ∞ Frederick Herzog von York | II. Friedrich Wilhelm III. 1770–1840 ∞ I Luise von Mecklenburg-Strelitz 1776–1810 II Auguste Fürstin von Liegnitz (keine Kinder) | Ludwig 1773–96 ∞ Friederike von Mecklenburg-Str. 1778–1841 | Wilhelmine | Auguste | Heinrich | Wilhelm 1783–1851 ∞ Marianne von Hessen-Homburg 1785–1846 |

| Friedrich Wilhelm IV. 1795–1861 ∞ Elisabeth von Bayern 1801–73 | Wilhelm I. 1797–1888 ∞ Augusta von Sachsen-Weimar 1811–90 | Charlotte = Alexandra Feodorowna 1798–1860 ∞ Nikolaus I. Kaiser von Rußland | Friederike | Karl | Alexandrine | Luise | Albrecht |

Quellen und Literaturauswahl

Die Darstellung beruht großenteils auf Akten des Königlichen Hausarchivs, die heute im Zentralen Staatsarchiv, Dienststelle **Merseburg,** unter Rep. 57 (alte Rep. 156/57) und zu einem kleineren Teil im Geheimen Staatsarchiv Preußischer Kulturbesitz in **Berlin-Dahlem** unter Br. Pr. HA Rep. 192 Wittgenstein bzw. Rep. 192 Prinz August von Preußen verwahrt werden.

Die Briefe des Prinzen August von Preußen an Madame Récamier, hrsg. von Alfred W. Hein, in: Francia. Forschungen zur westeuropäischen Geschichte 4 (1976), S. 433–579, Abb.

Ciriacy, Ludwig Friedrich von: Der Belagerungskrieg des Kgl. Pr. 2. Armeekorps unter Anführung Kgl. Hoheit des Prinzen August von Preußen im Jahre 1815. Berlin 1818.

Denkschrift des Prinzen August von Preußen über die Landwehr, hrsg. von Max Lehmann, in: Militärwochenblatt 82 (1897), Sp. 1428–1434, 1449–1456.

Aus dem kriegsgeschichtlichen Nachlaß Seiner Kgl. Hoheit des Prinzen August von Preußen, in: Kriegsgeschichtliche Einzelschriften 2 (1883), S. 1–104.

August Prinz von Preußen, in: Der Bär 13 (1886/87), S. 642.

Prinz August von Preußen, in: Der Bär 9 (1882/83), S. 463–466.

Friedrich Wilhelm Heinrich August Prinz von Preußen, in: Priesdorff, Kurt von: Soldatisches Führertum. T. 5. Hamburg 1937, S. 276–283, Abb.

Branig, Hans: Fürst Wittgenstein. Köln, Wien 1981 (Veröffentlichungen aus den Archiven Preußischer Kulturbesitz, 17).

Burg, Meno: Geschichte meines Dienstlebens. 2. Aufl. Leipzig 1916.

Bußler, Wilhelm: Prinz August von Preußen, in: Bußler: Preußische Feldherren und Helden. Bd. 4. Gotha 1896, S. 1–13.

Handbuch zur deutschen Militärgeschichte 1648–1939. Bd. 9. München 1979.

Hoepfner, Eduard von: Der Krieg von 1806 und 1807. Bd. 1–4. Berlin 1850–51.

Kleßmann, Eckart: Prinz Louis Ferdinand von Preußen 1772–1806. München 1972.

The Autobiography of Miss (Cornelia) Knight. London 1960.

Krieger, Bogdan: Das Kgl. Schloß Bellevue bei Berlin. Berlin 1906.

Kühn, Joachim: Eine Liebesaffäre im preußischen Königshaus. Prinz August und Delphine de Custine, in: Der Bär von Berlin 18 (1969), S. 7–35.

Lehmann, Max: Scharnhorst. T. 2. Leipzig 1886.

Paret, Peter: Clausewitz and the state. Oxford 1976.

Luise Prinzessin von Preußen Fürstin Radziwill: Fünfundvierzig Jahre meines Lebens. Braunschweig 1912.

Puttkamer, L. von: Erinnerungsblätter aus dem Leben des Prinzen August von Preußen. Gotha 1869.

Reitzenstein. Ch. von: Journal d'un officier prussien prisonnier de guerre à Nancy (1806–1808), in: Pays lorrain 7 (1910).

Rocca, Fr.: Geschichte und Verwaltung der Kgl. Familiengüter. Berlin 1913.

Schaller, Julius: Denkwürdige Momente aus dem tatenreichen Leben des Prinzen August von Preußen. Berlin 1846.

Schulze, Berthold: Fr. W. Carl v. Schmettau und sein Kartenwerk, in: Jahrbuch für die Geschichte Mittel- und Ostdeutschlands 5 (1956), S. 228–249.

Schwarz, Karl: Leben des Generals von Clausewitz. Bd. 1. Berlin 1878.

Sievers, Johannes: Bauten für die Prinzen August, Friedrich und Albrecht von Preußen. Berlin 1954 (Karl Friedrich Schinkel, Lebenswerk, Abt. 1, Bd. 12).

Sievers, Johannes: Karl Friedrich Schinkel. Das Palais des Prinzen August. Berlin 1936.

Sporschil, Johann: Die Freiheitskriege der Deutschen in den Jahren 1813–15. 6. Aufl. Bd. 3: Der Feldzug von 1813, T. 3. Braunschweig 1845.

Stuart, D. M.: Daughter of England. London 1952.

Die militärische Wirksamkeit des hochseligen Prinzen August von Preußen, in: Militärwochenblatt 27 (1843), S. 247–255, 261–266, 268–273, 290–296, 299–303, 309–312.

Namenverzeichnis

* s. Harrach: Auguste Fürstin von Liegnitz, Preußische Köpfe